beck^{**I**}**sche**
reihe

W0074759

b^{**sr**}

In Schulen und Betrieben, Vereinen und Familien tobt seit je her ein wahrer Krieg: Rivalität und Konkurrenz. Jeder kämpft gegen jeden, und jeder will besser, beliebter, erfolgreicher, schöner … sein als der oder die andere. Rivalisieren wird oft als Bedrohung erlebt, wenn Rivalität verdrängt wird, unterschwellig und unausgesprochen ist, nicht bewusst als Teil des Umgangs mit anderen verstanden wird. Die konstruktive Form der Rivalität gehört jedoch mit allen Facetten zur Kernkompetenz des Sozialverhaltens: Wer es nicht vermag, sich als eigenständige und selbstbewusste Persönlichkeit zu behaupten, sich mit anderen Leistungen auseinanderzusetzen, der hat es im Alltagsleben schwer.

Der Psychotherapeut Kurt Theodor Oehler führt ein in die verschiedenen Formen des Rivalisierens und gibt Hilfestellungen für einen befreienden Weg zu mehr Mitmenschlichkeit, seelischer Gesundheit und Lebensqualität.

Kurt Theodor Oehler arbeitet seit 1980 als selbstständiger Psychotherapeut und -analytiker in eigener Praxis und als freier Schriftsteller in Bern. Er ist Autor des Buches *Der gruppendynamische Prozess.*

Kurt Theodor Oehler

Rivalität

und wie man richtig damit umgeht

Verlag C.H.Beck

*Alle Namen in den Fallgeschichten des Buches
sind frei erfunden*

Originalausgabe

© Verlag C.H.Beck oHG, München 2003
Gesamtherstellung: Druckerei C.H.Beck, Nördlingen
Umschlagentwurf: +malsy, Bremen
Printed in Germany
ISBN 3 406 49434 X

www.beck.de

Inhalt

Einleitung

In Schulen, Büros, Krankenhäusern, Betrieben, psychiatrischen Kliniken, Vereinen und Familien tobt seit jeher ein wahrer Krieg in Form von Rivalität und Konkurrenz. Jeder kämpft gegen jeden, einer gegen alle, alle gegen einen, dieser Chef mit jenem Chef, dieses Team gegen jenes Team oder diese Gruppe gegen jene Gruppe. Dabei will jeder besser, beliebter, attraktiver, erfolgreicher, schöner sein als der beziehungsweise die andere.

Wer kennt das nicht, dass man sich am Arbeitsplatz einer Kollegin oder einem Kollegen gegenüber zurückgesetzt fühlt, dass einem diese Frau oder jener Mann ungerechtfertigt gleichgestellt oder vorgezogen wird, vom Chef mit Blumen oder Eintrittskarten für Sportereignisse beschenkt, mit wohlwollenden Blicken bedacht und mit Lob verwöhnt? Ist es nicht so, dass man immer die Ergebnisse vergleicht, die Erfolge täglich abwägt und die Leistungen permanent bewertet? Wer kennt sie nicht, diese zwiespältigen Gefühle von Neid, Rivalität und Hass, die den Erfolg der Mitarbeiter, das Glück der Freunde und die Errungenschaften der Bekannten begleiten, diese beiläufigen Ausrutscher, die ironischen Bemerkungen, die abschätzigen Kommentare, der beißende Spott? Und wer kennt sie nicht, die Fassungslosigkeit über die eigene griesgrämige Reaktion: «Die ist doch krank!», «Der ist doch blöd!», «Die sind doch gemein!» Sind diese Reaktionen wirklich angemessen, sind die gemeinten Personen tatsächlich so blöd, so egoistisch und so niederträchtig? Treffen diese Aussagen wirklich zu? Tragen sie wirklich dazu bei, die untereinander aufgestauten Spannungen zu lösen und den verlorenen Frieden wiederherzustellen?

Kann man hoffen, dass die geradezu beißende Rivalität, die uns überall begegnet, mit zunehmender gesellschaftlicher Transparenz mehr und mehr verschwindet, dass die messerscharfen Gegensätze langsam abklingen und dass sich die Spannungen zunehmend verringern? Nein. Im Gegenteil! Die Brisanz des Themas scheint sich unaufhaltsam zuzuspitzen! Im Informationszeitalter wird alles öffentlich, messbar, vergleichbar. Das Fernsehen und die Boulevardpresse tragen Intimes, und oft auch allzu Intimes, in jedes Wohnzimmer. Politiker erhalten Noten, Outfits öffentlicher

Personen, vor allem großer Stars, werden kritisch beäugt und deren Auftreten unbarmherzig gerichtet. Dabei sind die Medien in ihrer Weise wählerisch: Schönheit wird zu Qualität, Spitzenleistung zum Standard und Bekanntheit zum Muss! Eine bildhübsche Frau, ein langbeiniges Modell als Partnerin oder ein Sportidol im Label ist Argument genug. Es ist überhaupt nicht gleichgültig, ob man eine jüngere Frau, ein feudaleres Haus oder eine glänzendere Karosse besitzt.

Obwohl das Rivalisieren alltäglich ist und überall vorkommt, wird über dieses Phänomen kaum geredet. Die Begriffe «Rivalität», «Konkurrenz» und «Wettbewerb» tauchen in der Psychologie, in den Standardwerken der Sozial- und Entwicklungspsychologie, nicht einmal auf. Die überragende Bedeutung und die besondere Brisanz dieses Problems werden kaum erkannt. Ein Schleier des Schweigens liegt über dem Thema, das zudem noch doppelsinnig ist. Ist Rivalisieren wirklich nur schlecht oder etwa auch gut? Hat es nicht nur gemeine, sondern auch positive Seiten? Ist es nicht Sinnbild und Abbild unserer zwiespältigen Kultur? Ist die Rivalität vielleicht ein ganz zu Unrecht verkanntes Stiefkind unter den Gefühlen? Bringt die so genannte Janusköpfigkeit der Rivalität nicht sowohl die Wichtigkeit unserer Gefühle als auch deren Zerstörungskraft zum Ausdruck?

Warum ist das so? Warum wird gerade dieses Gefühl so stark verdrängt? Obwohl es sich bei der Rivalität um ein menschliches Grundverhalten beziehungsweise Grundgefühl handelt, das überall auf der Erde, bei allen Völkern, in allen Institutionen und bei allen Menschen auftritt, gibt es kaum eine befriedigende und umfassende Studie zu diesem Thema. Das ist bemerkenswert, und es fällt schwer, eine akzeptable Begründung für dieses weltumspannende Schweigen zu geben. Anscheinend ist das Rivalisieren streng untersagt, streng sanktioniert, geradezu tabuisiert.

Aber was ist ein Tabu? Wie entstehen Tabus? Und wie können diese aufgelöst werden? Warum ist gerade die Rivalität mit einem solchen belegt? Verbirgt sich hinter dem Tabu nicht ein wertvoller Schatz, den es zu heben gilt? Handelt es sich beim Thema «Rivalität» nicht um eines, das alle Menschen einschließt, das auch Sie, die Leserin oder den Leser, persönlich betrifft, sei es in der Rolle eines Arbeitskollegen, als Bruder oder Schwester, als Familienangehöriger, Künstler, Sportler oder sei es auch in der wenig erstrebenswerten Rolle, der verkannten Schwiegertochter?

Und schließlich: Wie kann man mit Rivalität umgehen? Muss man es hinnehmen, dass andere rivalisieren? Muss man aufgeben und resignieren? Oder kann man sich wehren? Kann Rivalisieren auch Gewinn bedeuten, für mich und für alle?

Ein schweres Dilemma

Neid oder Eifersucht?

Was bedeutet eigentlich Rivalisieren beziehungsweise Rivalität? Das Wort Rivalität leitet sich etymologisch vom lateinischen Wort «rivus» ab, das «eine Wasserrinne», «einen Bach», «ein Bächlein» oder «ein Rinnsal» darstellt. Von diesem Begriff stammt wiederum das lateinische «rivalis» ab, das als Adjektiv «zum Bach, zum Kanal gehörend» und als Substantiv den «Mitberechtigten am Nutzungsrecht eines Wasserlaufs» wie auch den «Bachnachbarn» bezeichnet. Man kann sich jetzt gut vorstellen, dass das Nutzungsrecht am Wasser äußerst schwierig zu bestimmen und unter den berechtigten Anwohnern eines Wasserlaufs oftmals strittig war. Nach welchen Kriterien sollte die Wasserquote errechnet werden? Ist die Fläche des angrenzenden Landes maßgebend, die Höhe des Wasserzinses oder vielleicht das über Generationen hinweg vererbte Nutzungsrecht? Man sieht, diese Fragen können nicht ohne Würdigung mehrerer Faktoren gelöst werden. Das heißt aber, dass über die Zuteilung der Wasserrechte eine Auseinandersetzung, eine Verhandlung, ein Gespräch geführt werden musste, in der die einzelnen Einwände und Argumente der «rivalis», der so genannten Bachanrainer, angehört, diskutiert, gewichtet und gegeneinander abgewogen werden mussten. Erst dann konnten die Wasserrechte endgültig zugeteilt werden. Dies wiederum bedeutet, dass die Rivalen ihre Argumente offensiv vorzubringen, zu verteidigen und schließlich durchzusetzen hatten. Ein berechtigter Anrainer, der sich für seine Rechte nicht überzeugend einzusetzen wusste, zog immer den Kürzeren.

Aus dieser Ableitung wird ersichtlich, was mit dem ursprünglichen «Rivalen» wohl gemeint sein könnte. Er bedeutet nämlich, dass die sogenannten Rivalen in Konkurrenz zueinander stehen und um die zu verteilenden Rechte, um die Macht oder um das Territorium miteinander streiten. Im übertragenen Sinne wetteifern die Rivalen um eine Vorrangstellung. Daraus ergeben sich entsprechende Synonyme. Ein Rivale ist immer auch ein Wettkämpfer oder ein Konkurrent. Dies setzt aber voraus, dass die Rivalen die Rivalitätssituation bewusst oder unbewusst wahrnehmen, intellektuell erkennen und emotional darauf reagieren. Sei es, dass sie versuchen, ihre Leistungsfähigkeit beziehungsweise Kompetenz zu vergrößern, sei es, dass sie die Rahmenbedingungen zu ihren Gunsten zu verändern suchen. Erst später hat sich die Bedeutung des Begriffs «Rivalität» etwas verschoben und auf die Rivalität um einen Partner, um eine Geliebte oder um die Liebe einer Buhle ausgeweitet. In diesem Sinne kann Rivalität auch mit Konkurrenz oder Wettstreit als auch mit Nebenbuhler-schaft gleichgesetzt werden.

Mit Rivalen sind Flussanrainer, also einzelne Menschen, ge-meint. Es gibt aber auch Familien, ganze Verbände, mehrere Familien, Siedlungen, Dörfer oder Städte, «die am Fluss wohnen» und ihre Interessen vertreten. Es ist deshalb nur vorstellbar, dass nicht nur die Individuen miteinander rivalisieren, sondern auch Gruppen, Gemeinschaften, Städte und politische Systeme. Auch Länder streiten um Vormacht, die Weltmächte zum Beispiel, um Ansehen und Dominanz. Das Rivalisieren kennt keine Grenzen und ist weder von der Macht noch von der Größe der Rivalen ab-hängig.

Die Rivalität charakterisiert sowohl eine Beziehung, eine Grundbeziehung zwischen zwei Menschen, als auch ein Gefühl. Wobei der Neid, der Eifer, die Gier, die Eifersucht, die Verzweif-lung, die Enttäuschung und die Schadenfreude jene Gefühle sind, die diese Beziehung begleiten. Rivalität ist wie der Neid und die Eifersucht etwas Alltägliches, Natürliches. Rivalität bezieht sich sowohl auf einen Partner als auch allgemein auf die Macht, die Leistung oder auf die Rangstellung eines Konkurrenten. Dagegen beinhaltet die Eifersucht ein Gefühl, das entsteht, wenn sich ein Mensch in Bezug auf einen Partner oder eine Liebesbeziehung bedroht fühlt. Eifersüchtig reagiert ein Betroffener, wenn er fürchtet, dass er die Liebe seines Partners verlieren könnte. Beim Neid liegt eine qualitative beziehungsweise quantitative Differenz vor. Man neidet einem anderen Menschen etwas, das man selber nicht oder nur in einem geringeren Umfang besitzt, zum Beispiel materielle oder geistige Güter.

Die Rivalität kann auch von Neid und Eifersucht begleitet sein. Die neidvolle beziehungsweise eifersüchtige Rivalität sind dann Sonderfälle der Rivalität. Auf einen glücklichen Rivalen kann man neidisch sein, wenn er über ein Mehr eines bestimmten materiellen oder geistigen Wertes verfügt, oder eifersüchtig, weil er im Hinblick auf eine Beziehung die Anerkennung eines geliebten Partners genießt.

Die Beziehungen zwischen Menschen verändern sich, wenn sie durch Rivalität überlagert und durchdrungen werden. Die Veränderungen vollziehen sich oft in kleinen Schritten. Sie bleiben meistens unbewusst oder bewegen sich nah unter der Bewusstseinsschwelle. Aus diesen Gründen fällt es schwer, die verschlungenen Botschaften einer Beziehungsveränderung zu analysieren und die Informationswege exakt zu zeigen. Wo soll der Anfang gemacht werden? Wo können diese Abläufe studiert werden, wenn nicht an einem ganz gewöhnlichen Ort, in einer Familie, wo du und ich leben, in der Familie «Jedermann»?

Rivalität im Alltag

Herr und Frau Jedermann

Das Rivalisieren begegnet uns jeden Tag. Das verwundert nicht. Die Rivalität hat viele Facetten. Sie stört und ermutigt. Sie motiviert und vernichtet. Möglicherweise hat die Rivalität neben ihren zerstörerischen Seiten auch noch andere Aufgaben zu erfüllen.

Der durchschnittliche Alltag von Menschen, zum Beispiel von Herrn und Frau Jedermann, ist meistens ohne Wissen der Beteiligten von rivalisierendem Handeln und Denken durchdrungen. Von morgens früh bis abends spät beschäftigen sich die Menschen mit Fantasien, in denen Elemente beziehungsweise Spuren rivalisierender Motive stecken. Seien es Erfolge, Leistungen oder sonstige Besonderheiten von irgendwelchen Menschen, die uns in einem bestimmten Augenblick in der Wirklichkeit, in der Fantasie, in Gedanken, in Büchern, im Fernsehen oder in Zeitschriften begegnen, oder seien es einfach nur selbstverständliche Ereignisse des Lebens wie eine neue Liebe – immer sind die Menschen bewusst oder unbewusst am Vergleichen, Messen, Beurteilen oder gar am Verurteilen, Herabsetzen, Entwerten, Diskreditieren, Demütigen, Diffamieren, Verleumden. Das sind Prozesse, die im Bewusstsein jedes Menschen automatisch ablaufen, ohne dass deren Funktion oder Wirkungsweise vollständig bewusst würde.

Es fängt schon beim Aufstehen an. Wer hat besser geschlafen? Wer hat schöner geträumt? Hat der Nachbar heute auch frische Brötchen? Kann ich nicht besseren Kaffee kochen als meine Frau? Wir haben leisere Kinder!

Und auch die Zeitungen sind angefüllt mit Storys, die von Rivalität durchdrungen sind: Die Firma X hat ein besseres Produkt entwickelt und wird von der Firma Y aufgekauft; der Millionenbetrüger hat gestanden, dass er Geld veruntreut hat, weil er ein besseres Leben anstrebte; die Diplomatengattin hat sich ein exklusives Kleid von einem texanischen Designer entwerfen lassen; der neue amerikanische Präsident leistet seinen Amtseid hinter kugelsicherem Glas und küsst die neue First Lady, während aufgebrachte Demonstranten gegen das Wahlverfahren protestieren; geldgierige Schweinemäster, die ihre Tiere skrupellos mit Antibiotika und Hormonen vollpumpen, entfachen einen Skandal. Der philippinische Präsident muss wegen der Korruptionsvorwürfe seinen Hut nehmen und überantwortet die Macht seiner Rivalin; die Post schließt neunhundert Filialen, um wettbewerbsfähig zu werden und Eigenwirtschaftlichkeit zu erreichen, der neue Sportwagen, begehrenswert, kraftvoll, kompromisslos und richtungweisend, zieht alle Blicke auf sich und vermittelt pure Lust aufs Fahren; der bayerische Ministerpräsident verleiht einem Schauspieler einen Orden; die Familie eines Mordopfers rächt sich an der Familie des Täters; die Zeitung fragt nach dem schlauesten Quizmaster; Miss Schweiz wirbt für ein karibisches Land, und wieder wird ein Skiabfahrtsrennen angekündigt, aber nur für die Österreicher; Barcelona gewinnt im Fußballspiel gegen Valencia; ein neuer Weltrekord beim Lauf über 100 Meter ist Tagesgespräch; schließlich gilt das von der Autofirma entwickelte Sicherheitssystem als das modernste der Welt; die Mächtigen dieser Erde kommen trotzdem nach Davos, obwohl Globalisierungsgegner die alten Hierarchien hinterfragen und Protestaktionen ankündigen; und überhaupt: das ist Kaffeegenuss der Spitzenklasse …

Alle diese Statements haben irgendwie mit Rivalität, Neid und Eifersucht zu tun, mit Rivalität um Marktmacht und Staatsmacht, mit Neid auf den Lebensstandard, auf seine Exklusivität, mit Rivalität um Geld, um die Präsidentschaft, um Wettbewerbsfähigkeit, um das beste Auto und um den Ehrenpreis, um Eifersucht –

so bei der Familienehre und Blutrache –, um das Ansehen, um die Touristen, um den Abfahrts- beziehungsweise Fußballsieg, natürlich um den Weltrekord, um Absatzzahlen, Weltgeltung oder Weltwirkung, bis zum größten Kaffeegenuss. Aus Rivalität wird Neid, aus Neid wird Eifersucht, und alle Gefühle verschlingen sich zu einem unentwirrbaren Knoten. Das Rivalisieren gehört, ob man das wahrhaben will oder nicht, jederzeit und überall zum ganz persönlichen Leben!

Und nach dem Kaffeegenuss und dem Zeitunglesen geht es weiter: Herr und Frau Jedermann fahren am Nachbarhaus vorbei, nehmen erstaunt das neue Auto des Kollegen wahr, fantasieren über ein eigenes, neues, luxuriöseres, winden sich durch den Verkehr zur Arbeitsstelle oder gehen zum Einkaufen. Während sich Herr Jedermann mit dem überraschenden Geschäftserfolg seiner Konkurrenz auseinander setzt, macht sich Frau Jedermann Gedanken über das Strickensemble einer Freundin. Aber ihr Parfüm ist viel zu aufdringlich, wie kann sie nur …? So könnte man lange weiterspinnen und ein heimliches, eitles Bild des menschlichen Charakters zeichnen!

Der Rivalität am Arbeitsplatz kann man, wenigstens zeitweise, entfliehen. Nach Arbeitsschluss können sich die Menschen zurückziehen und andere, weniger verbindliche Lebensräume aufsuchen. Es gibt Alternativen, in denen sowohl die «Opfer» als auch die «Täter» innerlich abschalten, sich erholen oder Hilfe suchen können. Die bitteren Gefühle, die mit einer spannungsvollen Rivalität verbunden sind, können in der Freizeit oder beim Spiel vergessen und kompensiert werden. Sie werden zu «Schnee von gestern».

Ganz anders verhält es sich in einer Partnerbeziehung oder gar in einer Ehe! Herr und Frau Jedermann sind vielleicht verheiratet und in ihrer Beziehung eng miteinander verbunden. Wie aber funktioniert die Rivalität in einer Ehe? Wie unterscheidet sich das Rivalisieren in einer Ehe von der Rivalität am Arbeitsplatz oder beim Sport? Wie verhalten sich Menschen, wenn sie ihre Rivalität im Rahmen einer verbindlichen und existenziellen Verbindung erleben und bewältigen müssen?

Rivalität unter Männern und Frauen

Kann es überhaupt Rivalität geben zwischen Menschen, die sich lieben und aus Liebe geheiratet haben? Ist es nicht so, dass zwischen Liebe und Rivalität ein Widerspruch besteht, dass man nur entweder sich lieben oder aber rivalisieren kann?

So alltäglich die Ehe, so alltäglich sind auch die Konflikte in der Ehe. Aus diesen Gründen steht die Ehe, wie auch andere Beziehungsformen, immer in Gefahr, nie versiegende Quelle alltäglicher Rivalitätsprobleme zu werden.

Sei es, dass um Kompetenz, Verfügungsgewalt oder Macht gerungen wird; immer gibt es Fragen, die sich in der Alltäglichkeit und in der Augenblicklichkeit einer Beziehung stellen und nach Lösungen verlangen. Diese Probleme, an denen sich die partnerschaftlichen Konflikte entzünden und an denen sich die Rivalität der Partner unmittelbar offenbart, betreffen zum Beispiel die

Gestaltung der gemeinsamen Wohnung: Die Wohnung ist Teil unseres Lebens. Sie beeinflusst sowohl unser Lebensgefühl wie auch die Lebensqualität. Es ist deshalb nicht gleichgültig, wie wir leben, wie wir unser Zuhause einrichten und ob wir uns in unserer Wohnung wohl fühlen. Die gemeinsame Wohnung ist aber Aufenthaltsort beider Partner und kann in ihrer Ausgestaltung nicht durch einen einzigen Partner bestimmt werden. Gerade in diesem Bereich zeigt sich in besonderer Weise die Kunst, sich als gemeinsam entscheidendes Paar zu beweisen.

Der junge Mann zog mit seinem spärlichen Hausrat in die bedeutend größere und vollständig eingerichtete Wohnung seiner neuen Freundin ein. Schon in den ersten Tagen erhob sich die Frage, mit welchen Möbeln die Wohnung bestückt werden sollte, mit den eher modernen Einrichtungsgegenständen des Mannes oder mit den antiken Möbeln der Frau. Schließlich, um den drohenden Konflikten aus dem Weg zu gehen, entschied das Paar, die Wohnung im bestehenden Zustand zu belassen. Schon nach wenigen Wochen mehrten sich die Auseinandersetzungen. Der Mann fühlte sich folglich in der ihm fremden Umgebung nicht sehr wohl und verließ enttäuscht den gemeinsamen Ort.

Die Rivalitätskonflikte zwischen den Ehegatten, der Kampf um die Macht, erregen besonders dann Emotionen, wenn es darum geht, Entscheidungen bei der Zuteilung oder Einrichtung der Räume, bei der Auswahl der Möbel, der Bilder sowie der Teppiche zu treffen. Besonders konfliktträchtig ist auch das Problemfeld

Hausarbeit und Einkaufen: Die individuell zu gestaltende Hausarbeit oder auch, je nach Standpunkt, die endlose Plackerei beginnt schon am Morgen und zieht sich in einem endlos aufreibenden, ewig sich drehenden Ritual bis in die Nacht: aufwachen, Kinder wecken, Fenster auf, Läden öffnen, Fenster zu, Schuhe putzen, Katze versorgen, Pflanzen gießen, Frühstück bereiten, einkaufen, putzen, saugen, bügeln, kochen, und dann, wenn die dampfende Speisekreation endlich auf den Tellern liegt, ist niemand da! Die Kinder sitzen gespannt und höchst konzentriert vor ihren PC-Spielen, und der Mann hat eben noch seinen Wagen gestartet ... Wieder sich aufregen, schimpfen, klagen, saugen, wieder putzen, Kaffee kochen, Fenster auf, Fenster putzen, Heizung, Läden, Fenster zu usw. usf. So stellt sich der Tageslauf einer Hausfrau dar, eine Arbeit, die aufwändig, anstrengend, sehr ermüdend und, wenn die Anerkennung fehlt, ebenso unschön wie undankbar ist. Wo geputzt wird, fällt wieder Staub, wo Mahlzeiten gekocht werden, werden sie weggegessen, was genäht, geflickt, gebügelt wird, reißt wieder und wird erneut schmutzig. Alles geht, kommt und vergeht, alles dreht sich im ewigen Kreise und wird vor allem für Frauen zum Problem, die neben ihrer Hausarbeit noch teil- oder ganzzeitbeschäftigt sind.

Immer wieder kam es in der Familie zu ernsten Auseinandersetzungen. Die Frau beklagte, dass ihr Mann weder die schönen Blumen wahrnahm noch das gute Essen lobte. Sie fühlte sich mehr und mehr vernachlässigt. Der Mann, den ganzen Tag mit seinem Job beschäftigt, argumentierte, dass er abends zu müde sei, um sich noch um den Haushalt zu kümmern. Tatsächlich verrichtete die Frau neben ihrer Teilzeitbeschäftigung von 20 Stunden sowohl den ganzen Haushalt als auch den mit vielen Rabatten und Gemüsebeeten gestalteten Garten.

Hausarbeit, so schön sie sein kann, wird zur Last, wenn sie weder geschätzt noch angemessen gewürdigt wird. Sie verlangt zwischen den Partnern eine gerechte Aufteilung der anfallenden Aufgaben und eine klar vereinbarte Arbeitsorganisation. Und wenn eine einvernehmliche Lösung nicht möglich ist, gerät das Zusammenleben zum aufreibenden Kampf, zur Rivalität um Macht und Kompetenz. Nicht selten betreibt der Mann als Hobby, was die Frau zu ihren ureigensten Domänen zählt:

Das Kochen: Die Küchenarbeit beziehungsweise das Kochen geben nicht selten Anlass zu heftigen Kontroversen, zu Kompetenzproblemen und Auseinandersetzungen, zum Beispiel um die Verfügungsgewalt über Grillzange, Spieß und Pfeffermühle:

An einem heißen Sommertag fand im Garten eine Grillparty statt. Da neben dem Fleisch auch frische Salate und ein kompliziertes Reisgericht serviert wurden, schien es angezeigt, die anfallenden Arbeiten zwischen Mann und Frau gleichmäßig aufzuteilen. Der Mann sollte für Holz, Holzkohle und Feuer sorgen und eine ebenmäßige Glut am Leben erhalten. Doch wie es so kommt, das Feuer wollte nicht brennen, der Rauch quoll in dicken Schwaden anstatt in den Himmel in die gute Stube, das Fleisch sollte zwar schneller gewendet, aber nicht zu oft und schon gar nicht anbrennen. Mit der Hitze der aufkommenden Glut stieg auch die Emotion, und noch bevor die Steaks, das Filet und die Koteletten bräunten, hatte die allseits gestresste Hausfrau das Oberkommando über Holzkohle und Grill wieder an sich gerissen ...

Ein weiteres Spannungsfeld öffnet sich bei der

Verwaltung des gemeinsamen Vermögens: Die Verfügung über das Einkommen und über das gemeinsame Vermögen verleiht auch Macht. Aus diesen Gründen überrascht es nicht, dass innerhalb der Ehegemeinschaft um diese Fragen rivalisierend gerungen wird. Wer die Macht hat, kann seine Bedürfnisse dem Partner gegenüber durchsetzen und die Bedingungen einseitig diktieren. Weitere Schwierigkeiten ergeben sich nicht selten bei der Frage nach dem richtigen

Erziehungsstil bei den Kindern: Bezüglich der Erziehung ist die Herstellung des partnerschaftlichen Einvernehmens besonders wichtig, besonders deshalb, weil die Rivalität um den bestimmenden Erziehungsstil vor allem für die Kinder unabsehbare Folgen hat. Die Familiengemeinschaft mit Eltern, Anverwandten und Kindern stellt ein komplexes gruppendynamisches Feld dar, das bestimmten gruppendynamischen Regeln gehorcht. Die Rivalität zwischen den Eltern, sofern sie nicht offen kommuniziert wird, überträgt sich auf die Ebene der Kinder, was nicht selten zur unbewussten Aneignung unangepasster Beziehungsmuster führt. In dieser Hinsicht ist es wichtig, dass die Kinder die Mechanismen der partnerschaftlichen Kommunikation zwischen den Eltern wahrnehmen, beobachten und hinterfragen dürfen. Ein ewiger Quell partnerschaftlicher Zwietracht ist ebenso der

ungleich verteilte berufliche Erfolg: Dieser vermittelt Sozialstatus und Selbstbewusstsein. Da die Berufstätigkeit der Frau und die damit verbundene Planung der beruflichen Karriere durch die Führung des Haushalts und die Erziehung der Kinder stark eingegrenzt wird, sind die Entwicklungschancen innerhalb der Ehegemeinschaft ungleich verteilt. Diese Probleme führen vor allem bei der Frau zu berechtigtem Neid und heftigen Konkurrenzgefühlen. Besonders sensibel reagieren in der Regel Partner auf den wirklichen beziehungsweise vermeintlichen

Erfolg beim anderen Geschlecht: Im Rahmen privater und gesellschaftlicher Veranstaltungen spielt die Rivalität zwischen den Lebenspartnern eine wichtige Rolle. Sei es, dass der eine Partner beim anderen Geschlecht tatsächlich mehr Erfolg hat, oder sei es, dass dieser Erfolg nur eingebildet ist, immer wirken solche Mutmaßungen oder Ängste stark auf das Selbstbewusstsein und Selbstwertgefühl des einen oder anderen Partners zurück.

Als sich die erste Frau von Herrn H. in einen anderen Mann verliebte, verließ sie unvermittelt die Familie und überließ ihrem Mann die gemeinsamen Kinder. Um den noch minderjährigen Kindern eine Ersatzmutter zu geben, stellte der verlassene Ehemann ein junges Kindermädchen, Heide W., an, in das er sich in der Folge verliebte und später auch heiratete. Diese schon von

Anfang an unausgewogene Familienkonstellation führte schließlich dazu, dass Heide in der unterwürfigen Rolle des Kindermädchens weiter verharrte, wenngleich sie von Herrn H. wirklich geliebt, von den Kindern durchaus akzeptiert wurde und tüchtig sowie auch künstlerisch sehr begabt war. Insbesondere bei Einladungen mit Gästen, bei Partys oder beim Zusammentreffen mit der Exfrau ihres Mannes fühlte sich Heide ängstlich, minderwertig und zurückgesetzt. Obwohl sie eigentlich ein geselliger und lebensfreudiger Mensch war, schwieg sie den ganzen Abend, litt an Minderwertigkeitsgefühlen und Kopfschmerzen. Sie hatte stets das Gefühl, dass man ihren Gatten wegen seiner persönlichen Ausstrahlung und wegen seines Charmes deutlich bevorzuge. Wenn sie heimlich beobachtete, wie Herr H. angeregt mit anderen Frauen sprach, während der Unterhaltung förmlich aufblühte, vor Vergnügen mit den Füßen wippte und seine Gesprächspartnerin hin und wieder wie zufällig am Arm berührte, wurde Heide von heftigen Rivalitäts- und Eifersuchtsgefühlen überschwemmt. Regelmäßig kam es entweder schon auf der Rückfahrt oder spätestens am anderen Morgen zu heftigen Auseinandersetzungen, bei denen die betreffenden Frauen von Heide vernichtend kritisiert wurden und Herr H. mit schweren Vorwürfen überschüttet wurde.

Die mit solchen Konstellationen verbundenen Emotionen können zu heftigen Spannungen führen, vor allem dann, wenn es um vergangene Beziehungen zu Expartnern beziehungsweise Exfreunden geht. Viele Probleme erwachsen einem Paar aus ungelösten Fragen im Hinblick auf die

Bedürfnisse nach Liebe, Zärtlichkeit und Sexualität: Die sexuellen Bedürfnisse der Ehepartner stimmen nie ganz überein. Immer gibt es Unterschiede in den subjektiven Empfindungen, in den speziellen Vorlieben und in der momentanen Gestimmtheit. Immer hat einer der Partner zu gegebener Zeit mehr oder weniger Lust auf Intimität. Diese Probleme sind in der Regel schwer zu lösen. Selbst Ehe- oder Sexualtherapeuten können die individuellen Bedürfnisse beziehungsweise die sexuelle Bereitschaft der einzelnen Partner nicht wesentlich ändern (Heer, 2001). Im Gegenteil, die Qualität einer Beziehung zeigt sich eher in der Weise, wie ein Paar mit der individuellen Unterschiedlichkeit umgeht, als in der Möglichkeit, einen Gleichklang in der sexuellen Aktivität zu erreichen. Aus diesen Gründen kann es vor allem bei jungen und erwartungsvollen Paaren zu einer eskalierenden Rivalität um das sexuelle Verhalten kommen: Wer ist sexuell gehemmter oder verkrampfter? Wer ist sexuell besser beziehungsweise aktiver? Wer ist impotent und wer frigid? Und schließlich: Wer ist psychisch gesund, und wer ist psychisch krank? Auseinandersetzungen sind auch immer wieder vorprogrammiert bei der familiären

Ferienplanung: Welche Gegend soll wie lange und in welcher Kategorie von Hotels bereist werden? Geht es in den Süden, oder geht es in den Norden, geht es in die Berge, oder geht es ans Meer? Die Frau liebt vielleicht Sonne und Strand, während ihr Partner den Urlaub in den Bergen verbringen möchte.

Der Ehemann plante zu seinem 50. Geburtstag eine Tour mit dem Campingbus durch die Vereinigten Staaten von Amerika. Die Reise sollte den legendären Trecks der europäischen Siedler nach dem verheißungsvollen Kalifornien nachempfunden werden. Schon Wochen vor dem Urlaub bereiste er in seiner Fantasie die weiten Ebenen des Wilden Westens, kämpfte im Geiste mit kriegerischen Rothäuten, Karl Mays verwegene Geschichten im Kopf, durchwatete die Flüsse Colorados, durchschritt die Schluchten Arizonas, durchquerte das mörderische Death Valley und bezwang die Rocky Mountains. Aber aus all den großen Plänen wurde nichts, weil sich seine Frau für ruhigere Wanderferien in Kärnten entschied.

Ins Felde geführt wird bei Streitigkeiten auch die

Rivalität um den Status der familiären Herkunft: Die Eltern der Partner stammen selten aus der gleichen Gesellschaftsschicht. Oftmals bestehen zwischen den gesellschaftlichen Stellungen, dem materiellen Wohlstand, dem Bildungsstand, dem Glauben oder den politischen Überzeugungen der Elternfamilien große Unterschiede, die sich sowohl im Denken, in den Grundüberzeugungen, in den Werthaltungen, in den gesellschaftlichen Gewohnheiten als auch in den materiellen Ansprüchen in der nächsten

Generation wieder abbilden. Diese Unterschiede führen in der Regel zu typischen Konflikten und Machtkämpfen, in deren Rahmen die unterschiedlichen Maßstäbe neu definiert und neu ausgehandelt werden müssen. Die Frage um die familiäre Herkunft ist meistens eng verknüpft mit der angestrebten

Gesellschaftlichen Anerkennung: Möglicherweise ändern sich die wirtschaftlichen Verhältnisse innerhalb der Familie. Diese Verschiebungen führen gleichzeitig zu einer Wandlung der innerfamiliären Dominanz. Viele Menschen weigern sich, diese Verschiebungen zu akzeptieren, und wehren sich gegen eine Korrektur ihrer sozialen Stellung.

Was haben diese Beispiele im Speziellen mit Rivalität zu tun? Werden hier nicht einfach Problemfelder dargestellt, die sich aus der Beziehung zwischen verschiedenen Menschen natürlich ergeben? Bei genauer Analyse lassen sich die Rivalitätskonflikte in einer Partnerbeziehung verallgemeinern. Erkennbar sind verschiedene Formen:

An erster Stelle geht es um Macht, um die Machtverteilung zwischen zwei Personen. Die Rivalität bezieht sich dann darauf, wer mehrheitlich die Lebensbedingungen bestimmt, wer überwiegend wichtige Lebensfragen entscheidet, wer über die finanziellen Mittel verfügt und wer, um es etwas salopp zu formulieren, «die Hosen anhat». In zweiter Linie wird mehr um die Fähigkeit gerungen, richtig zu handeln, richtig zu urteilen, richtig beziehungsweise kompetent zu entscheiden. In diesem Falle geht es also weniger um die Macht, etwas durchzusetzen, als um die geistige Fähigkeit, die Wirklichkeit besser, angemessener oder adäquater zu verstehen, mehr im Sinne einer differenzierten, geistigen Kompetenz. Eine dritte Form der Rivalität bezieht sich mehr auf den psychologischen Raum, auf das persönliche Territorium. Wo bin ich und wo bist du zuständig? Was liegt in meinem Bereich und was in deinem? Wo sind die Grenzen zwischen den Territorien, und wer markiert diese Grenzen? Wer definiert diese Grenzen, und wer besetzt mit welchen Mitteln diese Räume? Eine letzte Form mag in der Rivalität zwischen den Geschlechtern liegen. Als Beispiel zu diesem Thema soll an die Lage der Frauen im ehemaligen Talibanstaat Afghanistan erinnert werden, wo diese gegenüber den Männern per Gesetz auf erschütternde Weise gedemütigt wurden. Es waren die afghanischen Männer, die gewaltsam über die Frauen dominierten und diese Vormachtstellung hartnäckig verteidigten: Die Regierung von Afghanistan hatte den Frauen den Krieg erklärt. Seitdem die Taliban 1996 an die Macht gelangten, mussten die Frauen die Burka tragen. Wenn sie die gesetzlich verankerten Bekleidungsvorschriften nicht einhielten, wurden sie geschlagen oder gar hingerichtet. Das galt zum Beispiel auch, wenn sie die Haare offen trugen oder die Augen nicht bedeckten. Eine Frau wurde zu Tode gesteinigt, weil sie versuchte, das Land mit einem ihr nicht verwandten Mann zu verlassen.

Frauen durften in Afghanistan weder arbeiten noch ohne einen männlichen Verwandten in der Öffentlichkeit auftreten. Ehemalige Dozentinnen, Übersetzerinnen, Ärztinnen, Rechtsanwältinnen, Künstlerinnen, Schriftstellerinnen wurden gezwungen, ihre Arbeit aufzugeben. Sie mussten tatenlos zu Hause sitzen, in Wohnungen mit verhangenen Fenstern und verschlossenen Türen. Selbst in den Häusern wurde ihnen aufgetragen, geräuschlose Schuhe zu tragen, um nicht aufzufallen. Sie lebten in ständiger Angst, da sie wegen jeder Übertretung in Todesgefahr schwebten. Frauen, die keine männlichen Verwandten hatten, mussten betteln oder verhungern, weil sie ihren Lebensunterhalt nicht selber erarbeiten durften.

Dieses Beispiel erschütterte, und man stellte sich mit Recht die Frage, welche unbewussten Ursachen solchen destruktiven Mechanismen zu Grunde liegen. Das Machtgefüge der fundamentalistisch-islamischen Taliban schien auf schwachen Füßen gegründet. Aber warum lassen sich die Frauen solche Ungerechtigkeiten überhaupt gefallen? Warum wehren sie sich nicht erfolgreicher gegen Demütigung und Machtverlust? Haben diese Vorkommnisse eventuell mit einem divergierenden Rivalisieren zu tun? Gibt es möglicherweise Unterschiede zwischen dem Rivalisieren der Männer und dem Rivalisieren der Frauen?

Die Rivalität um Macht und Ansehen zwischen Mann und Frau steht in steter Wechselwirkung mit den Veränderungen in der sozialen Umgebung und mit gesellschaftlichen Trends. In dieser Hinsicht ist die Rivalität zwischen den Geschlechtern ein dynamisches Geschehen und stets ein Abbild des kulturell verankerten

Frauen- beziehungsweise Männerbildes. Wie wirken sich aber diese Bilder auf das Rivalisieren aus?

Die Ergebnisse einer Untersuchung zum geschlechtsspezifischen Rivalitätsverhalten (Oehler, 2001) zeitigten folgende Unterschiede:

- Frauen lehnen das Rivalisieren mehr ab als Männer, obwohl sie wissen, dass dieses Verhalten eine wichtige soziale Funktion erfüllt. Sie sehen mehr die schlechten Seiten der Rivalität und verneinen tendenziell deren Vorteile.
- Frauen neigen eher dazu, die Annahme, dass alle Menschen rivalisieren, zu verneinen beziehungsweise zu verdrängen.
- Frauen möchten eher dazu beitragen, dass in der Welt weniger rivalisiert wird.
- Frauen haben mehr als die Männer das Gefühl, dass die Rivalität dann zu einer positiven Kraft wird, wenn man offen darüber redet.

Obwohl die Frauen grundsätzlich krisenfreundlicher sind (Kast, 2000), scheinen sie den durch Rivalität bedingten Kontroversen in der Arbeitswelt eher aus dem Wege zu gehen. Diese Unterschiede zeigen sich schon in der Kindheit (Rotter, 1998). Die Spiele der Jungen sind konkurrenzorientiert, konfliktreich und schwierig. Sie geben Anlass zu dauernden Auseinandersetzungen und Debatten, in denen aber die zwischenmenschliche Konfliktfähigkeit gestärkt und breit eingeübt wird. Dagegen sind die Spiele der Mädchen eher von Rücksichtnahme und Mitgefühl geprägt. Sie scheinen mehr um die Liebe des Vaters als um den Sieg zu rivalisieren. Sie pflegen ihre Spiele eher abzubrechen, wenn es Schwierigkeiten, Spannungen und Konflikte gibt.

Man bekommt das Gefühl, dass die meisten Frauen in der beruflichen Rivalität, im Gegensatz zu ihrem Verhalten in der Privatsphäre, eher dazu neigen, frühzeitig zu resignieren und den Kampf deswegen aufzugeben, weil sie sich in der beruflichen Konfrontation von vornherein unterlegen fühlen. Anscheinend fürchten sie persönliche Niederlagen mehr als soziale Unterordnung. Vielleicht gehört die direkte Art zu rivalisieren zu einer Gesellschaft, die mehr die Werte der Männer repräsentiert als die Werte der Frauen.

Die Männer scheinen der Rivalität in unserer Gesellschaft unverkrampfter, offener, ja realistischer gegenüberzustehen. Sie scheinen sich eher mit einer Welt arrangieren zu wollen, die uns viele Vorteile bringt und den meisten Befriedigungen verschafft, in der es aber auch großen Freiraum für rücksichtslosen Ehrgeiz, brutale Rivalität und anmaßende Machtausübung gibt.

Vielleicht sind das die Gründe, warum die Frauen selten in leitende Positionen aufsteigen, obwohl sie häufig besser qualifiziert sind und kompetenter und härter arbeiten als ihre männlichen Kollegen (Breyce, 1990). Das lässt sich auch aus der Statistik ablesen: Der Frauenanteil in der Topetage, auf der zweiten und dritten Führungsebene liegt gerade mal zwischen 10 und 12 Prozent, und ins Topmanagement schaffen es nur 3,7 Prozent (Bierach, 2002). Und Frauen verdienen bei gleicher Arbeitsleistung immer noch weniger als Männer. Wahrscheinlich liegt es an den inneren Blockaden, die Frauen daran hindern, sich mit den Männern entsprechend zu messen. Frauen folgen anscheinend immer noch einem bestimmten weiblichen Muster, das ihnen vorschreibt, sich nicht unbeliebt zu machen, sich eher anzupassen, sich mehr auf die Familie zu konzentrieren, als sich im beruflichen Machtkampf aufzureiben. Oder: Vielleicht haben es die Frauen weniger nötig, so verbissen zu rivalisieren, weil sie weniger aggressiv und weniger ehrgeizig sind als die Männer.

Das heutige Geschäftsgebaren ist vor allem durch männliche Wertvorstellungen geprägt, während im Privatleben die weiblichen Werte vorherrschen. Das Rivalisieren der Erwachsenen hat deshalb zwei Gesichter. Einerseits hat es einen aggressiven, mehr männlichen Charakter und zeigt mehrheitlich machtorientierte Muster. Auf der anderen Seite steht das Weltverständnis der Frauen, das mit beziehungsorientierten Rivalitätsmustern einhergeht. Diese Aussagen werden mit wenigen Ausnahmen durch die Beobachtung in Betrieben bestätigt. Die Männer kämpfen in erster Linie um den Erfolg. Die Anerkennung des Chefs ist ihnen sekundär, mehr Mittel zum Zweck. Demgegenüber rivalisieren Frauen, zum Beispiel im Hospital, angefangen von der Krankenschwester über die Sekretärin bis zur Oberärztin, mehr um die Anerkennung der Vorgesetzten als um das Fortkommen in der persönlichen Karriere. In diesem Sinne ist es eben nicht so, dass die Männer mehr bzw. erfolgreicher rivalisieren als die Frauen, wie die Untersuchung nahe legt. Im Gegenteil, die Frauen rivalisieren nicht weniger, sondern anders als die Männer, mehr auf die zwischenmenschlichen Beziehungen bezogen und auf dieser Ebene wahrscheinlich erfolgreicher als die Männer!

Im Produktionsbetrieb für Büroausstattungen arbeiteten sowohl ein Abteilungsleiter, Herr V., der der Produktion der Büromöbel vorstand, als auch eine jüngere Abteilungsleiterin, Frau W., die das Marketing leitete. Während der Abteilungsleiter alles auf die Karte Karriere setzte, selbst seine Privatsphäre dem Beruf unterordnete und auch in den Ferien telefonisch erreichbar war, weigerte sich die Abteilungsleiterin, ihr Privatleben dem Beruf zu opfern. Sowohl nach Feierabend als auch in den Ferien blieb sie für den Betriebsleiter unerreichbar. Dafür setzte sie sich entschieden für ihre Untergebenen ein. Alle Mitarbeiter erhielten regelmäßig Geburtstagswünsche, Gratulationskarten und Weihnachtsgrüße. Hin und wieder organisierte sie Abteilungsessen, Einstands- beziehungsweise Abschiedspartys und interessierte sich gegebenenfalls für die Heiratspläne, den Kindersegen und die Gesundheit der Mitarbeiter.

Diese Unterschiede in der Werthaltung übertrugen sich auch auf den Umgang mit Gleichgestellten und Vorgesetzten und auf das Betriebsklima als Ganzes. Während der Abteilungsleiter V. sowohl mit seinen Arbeitskollegen als auch mit dem Chef einen eher nüchternen Umgang pflegte, kühl disponierte und jederzeit die Arbeitsfragen in den Vordergrund stellte, kümmerte sich die Abteilungsleiterin W. mit Engagement um das Wohl des Mitarbeiterteams. Man spürte, dass ihr die Beziehung zu den Betriebsangehörigen und die Harmonie im Team wichtiger waren als der nächste Karriereschritt. Sie war nicht bereit, lange Arbeitszeiten, aufreibende Machtkämpfe auf sich zu nehmen und das Spiel «Wer ist der Bessere, und wer schafft den Aufstieg» unbesehen mitzuspielen.

Schließlich war es aber der Abteilungsleiter, der zum Betriebsleiter avancierte.

Ab welchem Alter beginnt das Rivalisieren? Ist die Rivalität nur den Erwachsenen vorbehalten, oder sind auch kleine Kinder diesen Gefühlen unterworfen? Wie verhalten sich zum Beispiel Kinder, wenn sie erstmals mit Gleichaltrigen in Kontakt kommen, zum Beispiel in der Schule?

Mit Gummi und Bleistift

Es galt, das erste Schreibdiktat zu schreiben. Die Kinder waren nervös und allseits bestrebt, eine gute Leistung zu erbringen. Adrienne F., so hieß das betreffende Mädchen, schrieb ein fehlerfreies Diktat. Nach dem Schreiben sammelte der Lehrer die Schulhefte ein und teilte sie zur Korrektur in umgekehrter Reihenfolge wieder aus, so dass jedes Kind das Heft eines Schulkameraden oder einer Schulkameradin zu korrigieren hatte. Der Lehrer schrieb das ganze Diktat als Muster an die Tafel und forderte die Kinder auf, die Arbeit ihrer entsprechenden Mitschülerin oder ihres Mitschülers mit dem fehlerlosen Muster zu vergleichen, entsprechende Fehler mit rotem Stift zu kennzeichnen und die summierte Fehlerzahl mit großen Ziffern unter das Diktat zu setzen. Anschließend hatten die kindlichen Prüfer das korrigierte Heft an die Schreiber zurückzugeben.

Adrienne hatte den Text an der Wandtafel gut studiert und war überzeugt, ein fehlerloses Diktat geschrieben zu haben. Zu ihrem Entsetzen stand unter ihrer Arbeit mit großen, roten Lettern: «2 Fehler». Zwei Wörter waren rot unterstrichen! Adrienne wusste sofort, dass das nicht stimmen konnte. Tatsächlich waren bei beiden angezeichneten Wörtern deutlich Radierspuren auszumachen, und die fehlerhaften Wörter «Knapen» anstatt «Knaben» und «Käfig geschmidet» anstatt «Käfig geschmiedet» waren von ihrer Schulkameradin Sandra mit einem dunkleren Bleistift mutwillig verfälscht worden. Anscheinend hatte es Sandra nicht ertragen, dass ihre Mitschülerin Adrienne fehlerfrei schreiben konnte.

Adrienne fiel aus allen Wolken. Sie war völlig sprachlos, und in ihr brach eine kleine Welt zusammen. Sie hatte noch nie eine solche Hinterlist erlebt und konnte kaum glauben, dass ihr so eine Ungerechtigkeit widerfahren könnte. Sie lief weinend nach Hause und erzählte das erlittene Unglück ihrem Vater, der sich, ohne zu zögern, auf das Fahrrad schwang und mitsamt dem Heft zum Lehrer radelte. In wenigen Minuten war der tatsächliche Sachverhalt aufgeklärt und zu «0 Fehler» zurückverbessert.

In der Schule wurde nie mehr über diesen Vorfall gesprochen, und Sandra, die aus einer der ärmsten Familien des Dorfes stammte und deren Vater alkoholabhängig war, wurde in der Klasse niemals zur Rechenschaft gezogen. Adrienne aber konnte diesen Schock nie mehr vergessen!

Selbstverständlich könnten zu diesem Thema noch viele Geschichten erzählt werden. Zum Beispiel diese:

Ein vierjähriger Junge spielte mit seinem um fünf Jahre älteren Bruder im Sandkasten. Der Ältere, ein späterer Physiker, experimentierte schon als Kind, in diesem Falle mit unterschiedlichen Sandmischungen. Schließlich war seine Sandburg so hart wie Stein. Die Burg war größer, mächtiger und um vieles stabiler als diejenige des kleineren Bruders. Also schlug Letzterer die imposante Anlage in der kommenden Nacht mit einem Stock kaputt!

Es scheint, dass das Rivalisieren an kein Alter gebunden ist. Schon kleinste Kinder spüren diese Gefühle und zeigen deutlich rivalisierendes Verhalten.

Die Rivalität zwischen Kindern beziehungsweise Geschwistern wird im Gegensatz zur Rivalität der Erwachsenen kaum bestritten. Jede Mutter und jeder Vater kann sie zweifelsfrei und jederzeit bei den eigenen Kindern deutlich beobachten. Vermutlich wird sie auch deshalb weniger tabuisiert, weil sie als «kindlich» verharmlost werden kann. So tangiert sie das Rivalisieren der Erwachsenen, das dem Tabu unterliegt, nur am Rande.

Die Rivalität zieht sich wie ein roter Faden durch das Leben eines Menschen. Sie lässt sich von den frühesten Lebensmonaten bis ins höchste Erwachsenenalter deutlich beobachten:

Eltern sind oft erstaunt, mit welcher Heftigkeit und Emotionalität schon kleinste Kinder ihren Widerwillen, ihren Neid, ihre Missgunst und ihren Hass zum Ausdruck bringen (Eichenberger, 2001). Besonders aufgeweckte, gesunde, ihrer Welt mit Neugier und Zärtlichkeit zugewandte Säuglinge zeigen oft erstaunliche Ausbrüche von Zorn und Wut, die sich ausgerechnet gegen die von ihnen so heiß geliebte Mutter richten. Es scheint, als würde das hilflose Wesen plötzlich von heftigen Anfällen geschüttelt, in tiefem Hass auf die eigene Mutter, im unersättlichen Wunsch, das gemeinsame Band zu zerreißen oder die Mutter zu zerstören.

Wie kann man sich diese widersprüchlichen Reaktionen erklären? Die Annahme liegt nahe, dass die wohltuenden Befriedigungen, die von der allmächtig erlebten Mutter und deren Milch ausgehen, beim Kind gleichzeitig Neid und Angst wecken. Schon das kleinste Kind scheint sich daran zu stören, dass über seine Persönlichkeit Macht ausgeübt und über seinen Willen fremdbestimmt wird. Diese Gefühle stehen in eklatantem Widerspruch zur Harmonie, die normalerweise zwischen Kind und Mutter herrscht.

Die passive Abhängigkeit scheint dem Kind großes Unbehagen zu bereiten. Es möchte, so klein es auch ist, die Umgebung und sein Leben durch seinen eigenen Willen kontrollieren. Diese Reaktionen sind, ebenso wie die Rivalität, ein erster Ausdruck des Wunsches nach Autonomie und Abgrenzung und haben ihre Wurzeln in archaischen, chaotisch-wilden Bedürfnissen des menschlichen Charakters.

Auch die Geburt eines weiteren Geschwisters stellt für das Erstgeborene eine schwere Brüskierung dar. Die Mutter wendet plötzlich einen Teil ihrer Liebe dem Neugeborenen zu, was für das Erstgeborene außerordentlich kränkend ist und eine heftige Rivalitätsreaktion auslöst. Es ist für die Erstgeborenen schwierig, sich plötzlich mit einer bescheideneren Geschwisterrolle abzufinden. Der kleine Mensch wird in der Regel von äußerster Verzweiflung und grenzenloser Feindseligkeit heimgesucht. Die Gefühle der Wertlosigkeit und Kränkung bewirken nicht selten Passivität und Lustlosigkeit oder eine vorübergehende Regression auf eine frühere Entwicklungsstufe. Der «entthronte König» bestaunt zwar fasziniert die kleinen Händchen und Füßchen und die seidigen Härchen des winzigen Wesens, möchte dieses aber gleichzeitig «attackieren», «wegwerfen» oder «zurückgeben», um der alleinige «Liebling» der Eltern zu bleiben.

Der Schritt in die Gleichaltrigengruppe bringt neues Ungemach. Die ersten Kontaktanbahnungen zwischen Kleinkindern sind oft ungelenk und aggressiv, weil diese erst lernen müssen, kooperativ miteinander umzugehen, zu spielen und die Spielsachen zu teilen. Die ersten Erfahrungen im erfolgreichen Wechselspiel zwischen Geben und Nehmen führen dazu zu begreifen, dass der Verzicht auf Alleinherrschaft durch das Vergnügen des gemeinsamen Spielens und Kommunizierens wettgemacht werden kann.

Elternschaft stellt deshalb hohe Anforderungen, insofern es zu akzeptieren gilt, dass in einer Familie und im kindlichen Spiel Liebe, Wut, Neid, Eifersucht, Hass, Zärtlichkeit, mit anderen etwas machen, selber jemand sein, verzichten, kämpfen, teilen und eben rivalisieren immerzu nebeneinander vorkommen. Diese Reife wird einerseits im Erwachsenenalter vorausgesetzt, ist aber andererseits gerade das Ergebnis dieses Lernprozesses im frühen Kindesalter. Ohne das Tummelfeld des kindlichen Spiels, ohne erfolgreiche Erfahrungen in Streit und Auseinandersetzungen, im Abgrenzen und Kämpfen, können die sozialen Fähigkeiten weder im Kleinkindalter noch im späteren Erwachsenenalter aufgebaut werden.

Auch die spätere Schulzeit ist gespickt mit Episoden leidenschaftlichster Rivalität. Immer geht es darum, weiter zu werfen, schneller zu laufen, höher zu springen oder raffiniertere Tore zu schießen als die Schulkameraden. Auf dem Gymnasium ist es nicht anders. Die Jungen werben um die Gunst der Mädchen und brüsten sich im Kreis der Kameraden. Jeder will besser, erfolgreicher, witziger bzw. geistreicher sein als die Mitschüler. Schließlich, als Studenten, vergleichen sie Noten, Klausuren, Semester- und Diplomarbeiten. Und die meisten Menschen werden sich erinnern, als sich die ersten Erfolge einstellten, wie entzückt die Kinder beobachtet, wie perplex die neuen Autos bestaunt und wie ergriffen die neu gebauten Häuser bewundert werden:

Acht ehemalige Gymnasiasten, die sich während der Schulzeit zu einer engen Freundesgruppe zusammengefunden hatten, vereinbarten nach dem Studienabschluss, sich jedes Jahr im Rahmen einer Einladung bei einem von ihnen zu treffen. Die festlichen Zusammenkünfte sollten die angeheirateten Ehefrauen, die jeweils liebevoll fürs Essen sorgten, auch mit einbeziehen.

Die erste Einladung fand zu einem Zeitpunkt statt, als sich die ehemaligen Studenten bereits zu mehr oder weniger erfolgreichen Juristen, Ingenieuren, Ärzten oder Geschäftsleuten und ebenso zu mehrfachen Familienvätern entwickelt hatten. Aus diesen Gründen beinhalteten die besagten Abende nicht nur ein freudiges Wiedersehen, sondern gerieten unverhofft zu einer ehrfurchtsvollen Würdigung des noblen Villenbesitzes, der exklusiven Autos und des Kindersegens. Die festlich gestalteten Anlässe wurden von den Frauen von Mal zu Mal großzügiger und aufwändiger ausge-

richtet, und jede Familie war zunehmend bemüht, zumindest die Vorgänger mit ihrem Szenarium zu übertreffen. Der Höhepunkt war schließlich erreicht, als einer von ihnen seine Swimmingpool-Abdeckung als fertig hergerichtete und überreich mit Silber und Kristall gedeckte Festtafel bei Mozartmelodien von der Schwimmhallendecke herabschweben ließ. Dies veranlasste einen der Freunde, hinter vorgehaltener Hand im Hinblick auf die nächste Veranstaltung die süffisante Bemerkung zu machen: «Hanni wird es schwer haben, das zu übertrumpfen!» Nach weiteren zwei Einladungen verweigerten die Frauen ihren Dienst und zeigten sich nicht mehr bereit, die Show ihrer Männer fortzuführen.

Immer sind es die gleichen Spiele um Lob, Anerkennung und Bewunderung, und immer erwecken sie eher Neid als Anerkennung und ernten eher betretenes Schweigen als liebevolles Lob. Diese Spiele sind aber keine Spielereien. Sie sind bitterer Ernst. Sie stacheln an und fordern heraus. Und kaum jemand kann sich insgeheim dem Wunsch entziehen, genauso gekonnt mitzuspielen, genau so wohlhabend zu wohnen, genauso elegant aufzutreten oder in einer kinderreichen Familie zu leben. Jeder Mensch kennt solche Gefühle und hat im Laufe seines Lebens unzählige gleiche beziehungsweise ähnliche Begebenheiten erlebt. Das Rivalisieren ist niemals neu. Es ist eng mit der Natur der lebenden Kreatur verbunden.

Das Rivalisieren führt, wie oben angedeutet, zu persönlichen Grenzerfahrungen. Anscheinend schwemmt es wichtige menschliche Bedürfnisse an die Oberfläche. Vielleicht weist die Rivalität auf eine typische menschliche Konfliktkonstellation hin? Vielleicht rivalisierte der Bruder mit der Schwester, der Ältere mit dem Jüngeren, die Schwester mit der Mutter, die Mutter mit dem Vater oder der Nachbarn mit der Nachbarin? Solche archetypischen Konfliktmuster sind Gegenstand zahlreicher Sagen und Märchen, weil sie das Gedanken- beziehungsweise Erlebnisgut der Menschheit in künstlerisch aufgearbeiteter Form in die nächstfolgende Generation tradieren. Vielleicht sind sie deswegen Gegenstand der ältesten Überlieferungen aus der Frühgeschichte der Menschheit? Vielleicht ist das der Grund, warum schon in der Bibel unzählige charakteristische Beispiele rücksichtsloser geschwisterlicher Rivalität geschildert werden?

Geschwisterrivalität

Die biblischen Geschichten sind voll von aufschlussreichen Beispielen über Rivalität, über Neid und Eifersucht. Eine besonders bekannte handelt unter Geschwistern:

Kain erschlug aus Eifersucht seinen Bruder Abel, weil er es nicht ertrug, dass sich Gott am Opfer seines Bruders mehr erfreute als an seinem.

Diese Geschichte findet eine interessante Fortsetzung. Obwohl Kain meuchelte und log, sollte er der Rache seiner Mitmenschen nicht ausgesetzt bleiben. Gott setzte Kain ein Zeichen, damit ihm nichts geschehe. Diese Folgerung verblüfft. Warum wird Kain geschont, obwohl er ein Brudermörder war? Was bedeutet dieser Ausgang für unsere Fragestellung?

Die zweite Geschichte, die hier erzählt wird, ist nicht weniger bemerkenswert. Es geht um die Rivalität zwischen den Brüdern Jakob und Esau:

Jakob erhandelte sich um ein Linsengericht das Erstgeburtsrecht und erschlich sich mit betrügerischen Machenschaften und mit Hilfe der intrigierenden Rebekka zusätzlich den Segen, das heißt das Erbe Isaaks. Rebekka riskierte den Fluch des Gatten, um ihrem Lieblingssohn Jakob zum Erbe zu verhelfen. Und Jakob verschaffte sich den Segen, indem er log und seinen Vater mit einem Schafspelz auf den Armen, der die Behaarung des Esau vortäuschen sollte, betrog. Als der Schwindel aufflog, wollte Isaak nicht zurück. Der Segen war gegeben, Isaak sagte zum hintergangenen Esau: «Ich habe Jakob zum Herrn über dich erhoben, ich habe ihm alle Brüder zu Knechten gegeben, und ich habe ihm alles Korn und allen Wein gegeben. Was soll ich noch für dich tun?»

Auch dieses Beispiel scheint dem Gerechtigkeitsgefühl zu widersprechen. Warum hat Isaak seinen betrügerischen Sohn nicht bestraft? Warum toleriert er die frevelhafte Tat des Jakob und seiner Gattin Rebekka? Warum werden die Handlung und die Wirkung der väterlichen Segnung nicht durch die Dreistigkeit gelöscht? Besonders da der Segen nicht nur Segen, sondern auch der Erbgang war. Was könnte uns diese Geschichte im Hinblick auf die Bedeutung der menschlichen Rivalität lehren?

Weitere interessante Fragen wirft die Erzählung von Joseph und seinen Brüdern auf:

Letztere sperrten ihren jüngsten Bruder Joseph in einen Brunnen. Später verkauften sie ihn nach Ägypten, weil er der Lieblingssohn des Vaters war.

Alle diese Erzählungen sind gute Beispiele verwerflicher Geschwisterrivalität. Trotzdem wurden die Taten von Gott toleriert, sogar abgesegnet. Die Täter finden liebevolles Verständnis. Warum wurde Kain unter göttlichen Schutz gestellt, warum erhält und behält Jakob den göttlichen Segen beziehungsweise das weltliche Erbe, obwohl er ein ausgemachter Betrüger war, und warum wird Joseph, der Geprellte, reich und glücklich aus Ägypten zurückkehren? Diese Widersprüche weisen stark auf die «Januskópfigkeit der Rivalität» hin. Vielleicht kann das Rätsel «Rivalität» erst dann verstanden werden, wenn diese Widersprüche geklärt sind. Sie werden in einem späteren Kapitel Gegenstand einer Erörterung sein.

Möglicherweise hat es den Anschein, dass Rivalität nur da eine zentrale Rolle spielt, wo mit Spitzenleistungen, Spitzentechnologie, Spitzensport und höchsten Ansprüchen in der öffentlichen Verwaltung gerechnet wird. Es existieren aber auch andere Bereiche – Nischen, kulturelle Orte, Nebenschauplätze –, in denen sich Menschen tummeln, Talente entfalten und sich Dramen ereignen, die in gleicher Weise von rivalisierenden Motiven geleitet werden.

Es gibt Menschen, die überdurchschnittlich begabt und kreativ sind, zum Beispiel Künstler. Bei ihnen stellt sich die Frage, ob und gegebenenfalls wie diese Maler, Bildhauer oder Schriftsteller rivalisieren. Ist ihr Rivalisieren ebenso kreativ wie ihre Werke, an denen sich ihre Mitmenschen erfreuen? Oder gilt vielleicht das Gegenteil, dass die Künstler nicht nur feinfühlig, sensibel, sondern von der Persönlichkeit her unbeständig, labil sind, dass sie eher amusisch oder unkünstlerisch rivalisieren?

Künstler leben in kaum erreichter Weise durch ihr von innen heraus sich entwickelndes ganz persönliches Schaffen. Sie pflegen durch den Blick nach innen in gedanklich wenig strukturierte Felder vorzudringen, um Zeitgeist und Gesellschaftsentwicklung einzufangen und abzubilden. Sie versuchen, noch nicht bewusste, innere Trends wahrzunehmen, auszugestalten und in eine Bilder-, Gebärden- oder Formensprache umzusetzen. Gerade dadurch sind die Kunstschaffenden in besonderer Weise an der inneren Front des Wissens und Könnens exponiert, sind angreif- wie auch verletzbar und laufen Gefahr, in ihrem Anliegen sowohl von eventuellen Käufern als auch von den Kritikern zeitlebens missverstanden und gedemütigt zu werden. Es gibt keinen andern Berufsstand, der in dieser Weise exponiert und mit seiner ganzen Transparenz dem Fegefeuer kollegialer Rivalität ausgesetzt wäre.

Als Beispiel soll hier die wechselvolle Beziehung zwischen Thomas Mann (1875–1955) und seinem um vier Jahre älteren Bruder Heinrich Mann (1871–1950) angeführt werden. Zu Beginn des literarischen Schaffens, in frühem Mannesalter, entwickelte sich zwischen ihnen eine heftige Rivalität. Der Widerstreit steigerte sich zuweilen bis ins Groteske.

Schon als fünfzehnjähriger Jüngling mokierte sich Heinrich über die so genannte «süßlich-sentimentale Freundschafts-Lyrelei» des elfjährigen Thomas. Er schien die sich andeutende latente Homosexualität seines Bruders weder goutieren noch akzeptieren zu wollen. In einem Brief äußerte er sich über dessen Neigung recht herablassend: «Ne tüchtige Schlafkur mit einem leidenschaftlichen, noch nicht allzu angefressenen Mädel ... wird ihn kurieren.»

Noch größere Unstimmigkeiten, die nun deutlich von Geschwisterrivalität geprägt waren, ergaben sich nach der ersten Buchveröffentlichung von Heinrich Mann: Thomas lehnte die erotischen Szenen im Roman «Die Jagd nach Liebe» (1903) entschieden ab. Außerdem hatte Thomas das unbestimmte Gefühl, dass Heinrich ihn plagiiere. Dieser jedoch zeigte sich tief verletzt und entgegnete mit der Feststellung, dass auch er, Thomas, «Figuren» charakterisiere, die er ohne sein Zutun nicht gekannt oder anders beurteilt hätte. Im Jahre 1915 kam es zum endgültigen Bruch, als sich Thomas im Essay «Zola» von Heinrich persönlich karikiert und vernichtend kritisiert fühlte. Selbst gut gemeinte

Vermittlungsversuche von Seiten der Mutter blieben ungehört. Und hilflose Entwürfe eines Versöhnungsschreibens, in denen Heinrich seinen schwelenden Bruderhass energisch bestritt, blieben unversandt liegen.

Noch ernster und folgenreicher waren schließlich die Konflikte, die sich aus der ungleichen Beurteilung der damaligen politischen Lage ergaben. Während sich Heinrich entschieden und früh gegen Hitler wandte, fand Bruder Thomas wenig Anlass, Stellung zu beziehen. Er vermied es widerstrebend – wahrscheinlich, weil er im Hinblick auf seinen Roman «Joseph und seine Brüder» fürchtete, die Leserschaft im deutschen Sprachraum zu verlieren – , ablehnend gegen das nationalsozialistische Regime Stellung zu beziehen. Erst zahlreiche Diskussionen, vor allem mit seiner Tochter Erika, brachten ihn dazu, seine Haltung zu ändern.

Erst nach und nach und im Gleichklang mit der Verschärfung des politischen Klimas verbesserte sich der Kontakt zwischen den ungleichen Brüdern wieder. Durch die zunehmende menschliche Reife und durch die bitteren Lebensumstände zusammengeschweißt, kamen sie sich näher. Nach seiner überstürzten und abenteuerlichen Flucht nach Amerika wurde der nunmehr mittellose Heinrich von Thomas großzügig aufgenommen und unterstützt. Schließlich wurde aus der Bruderfehde tiefe Verbundenheit. Noch kurz vor Heinrichs Tod gab Thomas mitfühlend zu verstehen, wie wichtig er ihm gewesen sei, als Mensch und als Bruder.

Die Probleme, die sich in äußerlich relativ intakten Familien durch Rivalitätsgefühle ergeben, sind, wie im Falle Mann, schon groß genug. Noch deutlicher tritt aber die Rivalitätsproblematik in Familien in Erscheinung, die innerlich zerrüttet, desintegriert oder zerfallen sind. Das gilt mit Einschränkung auch für solche, die in neuer Zusammensetzung eine neue Chance suchen, in so genannten Patchworkfamilien. Hier überlagern sich nicht selten familienspezifische, gruppendynamische und persönliche Probleme zu einem unauflösbaren Konfliktkonglomerat, unter dem nicht selten die Schwächsten am meisten leiden.

Ambivalenzen in Patchworkfamilien

Was bedeutet der Begriff «Patchworkfamilie»? Unter «Patchwork» versteht man einen Stoff, der, aus verschiedenen Mustern zusammengesetzt, ein bestimmtes geometrisches Muster bildet. Der Begriff «Patchworkfamilie» repräsentiert also eine spezielle Familie, die aus mehreren Menschen besteht, die familiendynamisch «zusammengewürfelt», also nicht im Sinne der soziologischen Kernfamilie ursprünglich, verwandt oder blutsverwandt ist. Sei es, dass ein neuer Elternteil dazukommt, weil zum Beispiel der Vater oder die Mutter gestorben oder geschieden ist, oder sei es, dass Stiefkinder, Pflegekinder oder sonst der Familie nicht zugehörige Menschen anwesend sind. Der Begriff «Patchworkfamilie» kann deshalb auch für Stiefeltern und Stiefkinder passen.

Eigentlich müsste für solche Patchworkfamilien, wie überhaupt für alle Familien, gelten: dass alle Familienmitglieder aus der familiären Gemeinsamkeit nur Gewinn ziehen können! Aber Patchworkfamilien sind, weil es an den natürlichen, tief verwurzelten und verwandtschaftlichen Banden fehlt, in besonderer Weise instabil, krisenanfällig und Ursache zahlreicher Schwierigkeiten. Zum Beispiel kann es manch erzürnter Exmann nicht unterlassen, rivalisierend gegen den Nachfolger zu agieren, indem er seine leiblichen Kinder mit exklusiven Geschenken beschenkt und sie auf diese Weise gegen den neuen Partner seiner von ihm geschiedenen Frau aufhetzt. Oder ebenso, dass sich die neue Freundin des Vaters verführerisch um die Kinder bemüht oder sie gegebenenfalls ablehnt.

Das Verhältnis zwischen der Stiefmutter und den Stiefkindern ist wegen ihrer emotionalen Spannung besonders krisenanfällig. Die Beziehung zwischen ihnen ist durch eine tiefgehende Ambivalenz und durch die gleichzeitige Abhängigkeit der Kinder gekennzeichnet: Einerseits weckt die Kindlichkeit beziehungsweise Hilfsbedürftigkeit der physisch und psychisch abhängigen Stiefkinder den natürlichen Mutterinstinkt. Andererseits spürt die Stiefmutter intuitiv die seelische Fremdheit der ihr anvertrauten Kinder. Diese Ambivalenz und die damit verbundenen emotionalen Probleme werden in zahlreichen Erzählungen eindrücklich dargestellt, zum Beispiel in den klassischen Märchen «Schneewittchen», «Aschenputtel» und «Brüderchen und Schwesterchen»:

Schneewittchen war eine Königstochter, die von ihrer Stiefmutter um ihrer Schönheit willen beneidet wurde. Die Stiefmutter versuchte deshalb mit hinterhältigen Tricks, ihre «tausendmal» schönere Rivalin umzubringen. Dies gelang ihr auch beinahe. Schneewittchen, in einem gläsernen Sarg ruhend, wurde aber von einem Königssohn entdeckt, zum Leben erweckt und geheiratet. Der Prinz rächte das ruchlose Verbrechen der rivalisierenden Stiefmutter. Diese musste, in glühenden Schuhen tanzend, eines schrecklichen Todes sterben.

Das Märchen stellt aber nicht nur die Ambivalenz der Stiefmutter dar, sondern artikuliert mit der Einführung des Königssohnes, indem dieser Schneewittchen heiratet, gleichzeitig die durch Verschwägerung geschaffene Beziehungsproblematik. Das Märchen schlägt sozusagen zwei Fliegen mit einer Klappe. Die mörderische Rivalität der Stiefmutter, die Schönere zu sein, verbindet sich mit der Ambivalenz der boshaften Schwiegermutter. Solche Verdichtungen psychologischer Sachverhalte können eben nur Märchen leisten!

Besondere Variationen zum gleichen Thema liegen in den Märchen «Aschenputtel» und «Brüderchen und Schwesterchen» vor:

Hier sind es neben der boshaften Stiefmutter die eifersüchtigen wie auch neidischen Stiefschwestern, die mit dem Waisenkind rivalisieren und ihm das Leben zur Hölle machen. Im ersten Märchen wird das schöne Aschenputtel von den von der leiblichen Mutter bevorzugten Stiefschwestern regelmäßig gedemütigt und zu untergeordneten häuslichen Verrichtungen gezwungen. In der zweiten Geschichte verlassen die Kinder fluchtartig das Haus der Stiefmutter und verstecken sich im Wald. Sowohl das Aschenputtel als auch das verstoßene Schwesterchen werden wegen ihrer Schönheit und Tugend von einem Königssohn geheiratet, während sowohl die rivalisierenden Stiefschwestern als auch die böse Stiefmutter einer gerechten und harten Strafe anheim fallen.

Die Erlösung bringt in beiden Fällen ein idealisierter Königssohn, der das Lebensglück repräsentiert, der den ruchlosen Machenschaften ein Ende setzt, zu einer gerechten Lösung verhilft und das boshafte Rivalisieren der neidischen Schwestern beziehungsweise der Stiefmutter entsprechend sühnt.

Eine spezielle Variante der Stiefvater-Stiefkinder-Problematik liegt vor, wenn zum Beispiel die Mutter der Kinder zu diesen eine sehr enge, ja symbiotische Beziehung pflegt und sie gegenüber dem in die Familie eintretenden Stiefvater deutlich bevorzugt. In diesem Falle rivalisieren sowohl der Stiefvater als auch die Kinder um die Nähe zur Frau beziehungsweise zur Mutter. Der Stiefvater hat dann einen schweren Stand und wird sich gegenüber den Kindern nur schwerlich behaupten. Er droht innerhalb der Familie zum Außenseiter zu werden:

Eines Tages verließ die Mutter zweier halbwüchsiger Kinder ihren Mann und zog in die Wohnung eines nahestehenden Bekannten. Die Kinder blieben im Haushalt des Vaters zurück. Nach wenigen Monaten war die Ehe geschieden und das neue Paar verheiratet. Als sich der jüngere Sohn bei einer pubertären Auseinandersetzung mit dem Vater überwarf, entschied die Mutter ohne Absprache mit ihrem neuen Partner, dass ihr Jüngster zu ihr ziehe. Der neue Mann und Stiefvater des Jungen aber war mit diesem Entschluss überhaupt nicht einverstanden. Er fühlte sich übergangen und verließ die eigene Wohnung, ohne zurückzukehren. Er konnte es nicht ertragen, dass für seine Partnerin die Notlage des eigenen Sohnes wichtiger war als die Bedürfnisse des neuen Lebenspartners.

Selbstverständlich hat die Frau nicht umsichtig gehandelt. Es wäre wohl wichtig und richtig gewesen, die Entscheidung zurückzustellen und die Angelegenheit vorerst mit dem neuen Lebenspartner zu besprechen. Das Beispiel zeigt aber deutlich, dass die Konfliktsituationen, in die Stiefeltern unverhofft geraten, nicht selten nur schwer zu lösen sind.

Wenn die Grenzen verschwimmen

Das Verhältnis zwischen den Eltern beziehungsweise Stiefeltern und den Kindern beziehungsweise Stiefkindern hat aber noch eine weitere, spezielle Dimension, die nicht übersehen werden darf: den Missbrauch! Nicht selten führt das Bedürfnis eines Elternteils nach einem heranwachsenden Kind, meistens zwischen dem Vater oder dem in die Familie eintretenden Stiefvater und der Tochter oder der Stieftochter, zu einem missbräuchlichen Abhängigkeitsverhältnis. Aber was hat der sexuelle Missbrauch mit Rivalität zu tun?

Möglicherweise rivalisieren sowohl der Vater als auch die Mutter um die Liebe eines Kindes. Nicht wenige Väter und Mütter sind in ihrer eigenen emotionalen Entwicklung stehen geblieben und zeigen ein sozial gestörtes Beziehungsverhalten. Sie können den Kontakt zu ihren eigenen beziehungsweise fremden Kindern gefühlsmäßig nicht auf befriedigende Weise herstellen. Persönlicher Kontakt oder persönliche Nähe bedeutet für diese Menschen konkreter Körperkontakt beziehungsweise körperlich erlebte, sexualisierte Nähe. In diesem Sinne stellt der Inzest einen ebenso hilflosen wie für die Kinder sehr schädlichen Versuch dar, auf missbräuchliche Weise in Kontakt zu kommen.

Inzest – Rivalität um die Liebe des Vaters

Die Mutter von Franka und Judith, von denen hier erzählt wird, war eine psychisch unreife, fragil und ätherisch wirkende Frau. Sie trug auffällige, modisch rote Hüte, war übertrieben geschminkt und gepudert und war unentwegt mit ihren rot lackierten, überlangen Fingernägeln beschäftigt. Der Vater der beiden Mädchen wurde als Jüngster von sieben Kindern geboren und war trotz seiner Intelligenz ein stiller, introvertierter Mann. Er hatte sich zum Physiker ausbilden lassen und war zeitlebens ein wenig verantwortungsbewusster, hilfloser Mann geblieben, der unentwegt um Anerkennung rang und schließlich mit der Mutter der beiden Kinder in «wilder Ehe» lebte.

Die Geburt der zweiten Tochter, Judith, kam sichtlich ungelegen und sollte verhindert werden. Die Mutter sprang in ihrer Verzweiflung von Stühlen und Betten, trank Alkohol und überlegte, als sich die Abtreibungsbemühungen als unwirksam erwiesen, ob sie, weil sie schon im vierten Monat schwanger war, zu einer Pfuscherin gehen sollte. Schließlich gebar sie Judith und verblieb beim um zwanzig Jahre älteren Lebenspartner. Sie fühlte sich unfähig, sich mit zwei kleinen Kindern von diesem Mann zu trennen.

Der Vater ließ Judith, die wegen des ehelosen Zustandes den Familiennamen der Mutter trug, auf seinen eigenen Namen taufen, bis die zehnjährige Tochter das verwegene Spiel durchschaute und den Vater zornerfüllt zur Hochzeit zwang. Das Versteckspiel mit dem falschen Namen löste in dem kleinen Mädchen eine Identitätskrise aus. Wieder einmal fühlte sich Judith verraten, und einmal mehr war ihre ältere Schwester die Gewinnerin, die wenigstens körperlich dem Vater verbunden und von ihm abhängig war. Franka, vier Jahre älter als Judith, war an den Mittwochabenden, an denen die Mutter zum Tanzen ging, dem über sechzig Jahre alten Vater sexuell zu Diensten, während die kleinere Judith, die das Treiben zwischen der Schwester und dem Vater heimlich beobachtete, in Sehnsucht nach Anerkennung verging. Hier waren sie wieder, die sexuellen Wünsche, die ihre vierzehnjährige Schwester mit dem idealisierten Vater auslebte, während sie ein weiteres Mal auf der Strecke blieb. Judith, deren Brüste noch klein und unentwickelt waren, wünschte sich, die Stelle der Schwester einzunehmen. Sie rivalisierte mit Franka, die frühreif war, einen beachtlichen Busen und bereits die Menstruation hatte, erfolglos um die Liebesgunst.

Was zeigt uns diese erschütternde Geschichte? In der Beziehung zu den Kindern brachen die infantilen Bedürfnisse des ich-schwachen Vaters ungehindert durch. Er zeigte keine Hemmungen, sowohl seine Frau zu betrügen als auch die eigenen Kinder zu missbrauchen.

Im nachfolgenden Beispiel liegt ein Rivalitätsverhältnis zwischen der Pflegemutter und der Pflegetochter vor. Der Fall bekräftigt die These, dass zum Inzestgeschehen meistens alle Erwachsenen beitragen, und ist gleichzeitig repräsentativ für ein Phänomen, das unerkannt und ungeahndet in vielen Familien grassiert:

Ich sehe meinen Stiefvater, wie er auf dem Hocker sitzt, sich über den Tisch beugt, seine schiefe Kopfhaltung, den verstörten Blick. Da wusste ich sofort: So hatte er an meinem Bett gesessen! Er saß aber nicht an meinem Bett, vor dem Einschlafen, um mir gute Nacht zu sagen. Er kam, als es schon Nacht war, und blieb im Zimmer. Ich erinnere mich, dass er seine Hände zwischen meine Beine hielt und sie hin und her rieb, und ich flehte voller Angst: «Bitte Papi, hör auf!» Es war mir peinlich, mich von ihm berühren zu lassen, aber ich konnte niemandem etwas sagen. Ich ging ja noch nicht zur Schule. Ich wollte nicht wahrnehmen, was da geschah. Irgendwie war es auch gar nicht wahr, denn am Tag war der Stiefvater wie immer und sprach nicht über diese Dinge. Meine Mutter aber spürte, dass etwas nicht in Ordnung war. Sie hasste mich, und ich hasste sie. Das war zwar gut so, denn dieser Hass hatte im Gegensatz zu meinem Hass auf den Stiefvater etwas Reines, Sauberes an sich. Bei ihr wusste ich, woran ich war ...

Diese Schilderung beschreibt einerseits das besondere Problem der emotionalen Beziehung zwischen dem Stiefvater und den Stieftöchtern, und es unterstreicht andererseits auch die Gefahr, die speziell von Stiefvätern ausgeht. Vermutlich ist die Schranke des Inzesttabus wegen des Fehlens der Blutsverwandtschaft innerhalb der Stiefeltern-Stiefkinder-Beziehung leichter zu überwinden oder leichter zu verletzen als in leiblichen Familien. Zudem lagen in beiden Fällen besonders schwierige Familienverhältnisse vor.

Spielt möglicherweise die Rivalität zwischen Familienangehörigen als Ursache beziehungsweise Mitursache für den Inzest eine wesentliche Rolle? Wahrscheinlich nicht! Es scheint, dass die Rivalität eher Folge als Ursache der Inzesthandlung ist. Nicht das Rivalitätsverhältnis an sich, sondern die allgemeine Ich-Schwäche muss in erster Linie für das Fehlverhalten der Erwachsenen verantwortlich gemacht werden. Der sexuelle Missbrauch wird in der Regel nur von ich-strukturell defizitären und psychisch labilen Stiefvätern beziehungsweise Vätern vollzogen, die ihre innere Leere, ihr so genanntes «Loch im Ich», auf zwanghafte Weise an ihren psychisch abhängigen, seelisch noch sehr bedürftigen Kindern, Pflegekindern oder Stiefkindern ausagieren.

Das zweite Beispiel zeigt gleichzeitig die zwiespältige Reaktion einer überforderten Mutter. Diese kann und will die Wahrheit nicht sehen. Sie unterstützt damit unbewusst die Dynamik des Missbrauchs. Die Mutter reagiert schließlich mit extremem Rivalisieren, weil sie spürt, dass ihr Mann, und indirekt auch die abhängige Stieftochter, den schon etwas brüchigen Zusammenhalt der Familie noch weiter gefährden.

Wie wirken sich diese Defizite und die damit verbundenen missbräuchlichen Mechanismen auf das kindliche wie auch spätere Rivalisieren aus? Die Kinder versuchen, das emotionale Defizit durch vermehrtes Anstrengen und kämpferisches Rivalisieren weiter zu kompensieren, ein Verhalten, das sich in der Regel als psychische Auffälligkeit bis ins Erwachsenenalter erhält.

Bis jetzt haben wir uns in erster Linie mit der alltäglichen, zum Teil völlig gestörten Rivalität im Privatbereich beschäftigt. Jeder Mensch fühlt und spürt seine ganz persönliche Rivalität in erster Linie am eigenen Leib, mit eigenen Kindern, mit eigenen Geschwistern, in der eigenen Familie, gegenüber persönlichen Nachbarn, Freunden und Bekannten. Wie steht es aber mit der Rivalität am Arbeitsplatz? Ist es nicht gefährlich und unökonomisch, sich während des Arbeitsprozesses mit solch zerstörerischen Gefühlen herumzuschlagen? Kann man es sich überhaupt leisten, während der Arbeit so unmenschlich und undiszipliniert zu reagieren und die Zusammenarbeit so tiefgreifend zu stören?

Mit spitzer Zunge

Der Mensch bleibt auch am Arbeitsplatz der gleiche Mensch und reagiert in gleicher Weise menschlich, auch wenn er sich dort mit ganz anderen Personen beschäftigen muss. Obwohl die Arbeitsbeziehungen in der Regel unverbindlicher, weniger tief und weniger befriedigend sind als in der Familie, spielen sich in den Arbeitsgruppen, Teams und Kollegenkreisen die gleichen, zumindest ähnlichen gruppendynamischen Prozesse ab wie im Privatbereich. Auch im Beruf gibt es Konkurrenten, Widersacher und Rivalen, wie zum Beispiel in einem ganz gewöhnlichen Restaurantbetrieb:

Im Service eines Restaurants in der Zürcher Altstadt arbeiteten zu jener Zeit, als der Chef eine neue Mitarbeiterin einstellte, neun

Personen. Der Chef hatte Anna B. vor fünfzehn Jahren in einem anderen Betrieb als sehr charmante, zuverlässige, fleißige, ehrgeizige und im Umgang mit den Gästen äußerst umsichtige Serviceangestellte kennen gelernt. Sie war sehr motiviert, in einem guten Team zu arbeiten. Zudem war sie attraktiv und hatte eben die Wirteprüfung bestanden. Diese Bescheinigung würde sie zur Leitung eines größeren Restaurants befähigen. In der Folge kam es zwischen Anna B. und Cornelia D., einer langjährigen Serviceangestellten, vermehrt zu Reibereien. Cornelia D. versah inoffiziell die Funktion des Chef de Service und wollte sich durch die Neue nicht in ihre Leitungsfunktion hereinreden lassen. Anna B. pflegte aber wegen ihrer soeben abgeschlossenen Ausbildung und wegen ihres zur Perfektion neigenden Charakters äußerst penibel auf die Einhaltung der Hygienevorschriften zu achten und monierte sowohl unsaubere Praktiken in der Küche als auch unhygienische Gewohnheiten in der Gaststube. Sie forderte unter anderem die gepflegte Erscheinung des Personals, das stete Händewaschen, saubere Fingernägel, das gründliche Reinigen der Aufschnittmaschine, das regelmäßige Wechseln der Tischtücher, die gewissenhafte Säuberung der Putzlappen, die liebevolle Pflege der Blumen und die gründliche Desinfektion der Gewürzständer und Salzstreuer.

Einerseits war es ihr peinlich, diese Mängel zu entdecken, und sie hielt sich in der Kritik lange zurück. Andererseits platzte ihr wegen der mangelnden Hygiene des Personals oft der Kragen, und sie argumentierte, so wie sie es gelernt hatte, dass sich die Mikroorganismen in einem warmen Putzlappen in zwanzig Minuten verdoppeln. Das heiße Auswaschen dieser Tücher könne diesen Prozess nicht wirksam aufhalten.

Es ist schnell zu verstehen, warum es zwischen den Serviceangestellten und der neuen Mitarbeiterin bald zu Rivalitätskonflikten kam. Die neue Mitarbeiterin verhielt sich undiplomatisch. Sie brach unvermittelt in bestehende Machtstrukturen ein und wollte alles besser wissen. Da sie über eine gute Ausbildung verfügte, müssten ihre Einwände eigentlich ernst genommen werden. Wissen ist Macht! Die Macht lag aber beim alteingesessenen Personal, das sich nicht gerne schulmeistern ließ. Damit sollte aber der Kampf zwischen den Rivalinnen voll entbrennen. Es hing jetzt

alles vom Chef ab, ob er sich auf die Seite seiner neuen Angestellten stellen oder ob er seinen alten Mitarbeiterinnen die Stange
halten würde:

*Der Chef, der wenig Charisma ausstrahlte, pflegte eher einen
Führungsstil des «Laisser-faire». Er hielt sich mit seinen Anord-
nungen zurück und überließ den Ablauf des Servicebetriebes seinen Mitarbeitern und Mitarbeiterinnen, vor allem einem jüngeren
Italiener. Aber auch dieser, der sich gelegentlich wie ein Patron
aufführte, wurde der neuen Mitarbeiterin nie als Chef vorgestellt.
Er erwies sich für die Übernahme der Verantwortung weder als
geeignet noch als qualifiziert genug und kümmerte sich wenig um
die Hygienevorschriften. Im Gegenteil, er machte gegenüber der
neuen Angestellten spitze Bemerkungen; zum Beispiel, dass sie
doch in einem Büro arbeiten solle, wenn es ihr hier zu schmutzig
sei. Dies war der Grund, warum sich Anna B. hin und wieder in
die Wahrung der Leitungsaufgaben einmischte, obwohl sie dazu
nicht befugt war. Sie glaubte, dass sie da eingreifen müsse, wo niemand führe.*

Das Beispiel zeigt deutlich den Zusammenhang zwischen dem
Führungsstil des Chefs und der Rivalität in einem Team: Je weniger die Führungsfunktionen wahrgenommen werden, umso mehr
sind die Mitarbeiter gezwungen, einzelne Führungsaufgaben selber zu übernehmen, und desto verbitterter werden die Angestellten untereinander rivalisieren.

*Cornelia D., die schon mehr als dreißig Jahre in diesem Lokal
arbeitete, zeigte sich mit dem jungen Kollegen und den anderen
Serviceangestellten in ihrem Gefühl bestätigt, dass sich die neue
Mitarbeiterin eine Funktion anmaße, die ihr gar nicht zustehe,
und dass sie sich übermäßig in den Vordergrund spiele. Aus diesen Gründen gab es insgeheim immer zu tuscheln und zu reden,
ohne dass das Gespräch mit Anna B. direkt gesucht wurde. Hin und
wieder kam es zwar zu heftigen Auseinandersetzungen, zum Beispiel über die schon oben erwähnte Vermehrung der Bakterien. Die
Einwände von Anna B. wurden aber mit abschätzigen Bemerkungen abgeschmettert. Cornelia D. meinte dann trocken: «Die
Bakterien sind sowieso tot.»*

Was könnte die verfahrene Situation noch retten? Vielleicht ein klärendes Gespräch? Bestimmt würde der Konflikt weiter eskalieren, wenn die Beteiligten nicht miteinander reden. Aber:

Im Anschluss an solche Konfrontationen liefen alle Kolleginnen wortlos auseinander, und Anna B. fühlte sich mehr und mehr aus dem Team ausgeschlossen. Immer wieder konnte sie beobachten, dass die Mitarbeiterinnen insgeheim miteinander flüsterten und dass sie dabei mit feindseligen Blicken bedacht wurde. Die Ablehnung war auch deutlich an den Gesten und am gespannten Gesichtsausdruck zu erkennen. Der Strichmund von Cornelia D. und das verkniffene Lächeln von Elfriede F. waren kaum zu übersehen. Zudem wurde Anna unvermittelt der Rücken zugedreht, wenn sie um eine Auskunft bat. Einmal konnte sie sich nicht mehr zurückhalten. Sie ging auf zwei Kolleginnen zu, die gerade vieldeutig miteinander murmelten, und zischte: «Ihr seid zwei Hexen.» Die beiden Frauen zeigten sich mit einer theatralischen Geste sehr überrascht und drehten wortlos ab. Auch über diesen Vorfall wurde nie mehr gesprochen, obwohl Anna B. in der Folge schlaflose Nächte und extreme Schuldgefühle hatte.

Anscheinend wird das Wichtige, das nicht offen kommuniziert wird, im Geheimen weitergereicht. Es ist, als ob die Aggression, die nicht offen ausgetragen wird, in den Untergrund sickern und die Basis der Beziehungen zerstörerisch unterspülen würde. Die Rivalitätsproblematik im Restaurantbetrieb wurde immer unklarer. Was war die Ursache und was die Wirkung? Wer war der Verursacher, und wer war das Opfer? Und alle Fragen, die nicht geklärt oder gelöst wurden, führten zu Mutmaßungen und ausschweifenden Fantasien:

Mehr und mehr hatte Anna B. das Gefühl, dass man wegen ihres attraktiven Aussehens neidisch auf sie sei, dass man sie in ihren Absichten nicht mehr ernst nehme, dass man sie ablehne und dass man sie am liebsten hinauswerfen würde. Es lag, so meinte Anna B. zu spüren, eine unerträgliche Spannung in der Luft. Schließlich blieb ihr nur die Kündigung übrig. Zwar zeigte sich der Chef über dieses Ansinnen sehr erstaunt und missbilligte das Weggehen seiner überaus geschätzten Mitarbeiterin. Von Seiten der anderen Kolle-

ginnen kam aber keine Reaktion. Niemand versuchte Anna B. am Weggehen zu hindern.

Die vorliegende Schilderung stellt eine alltägliche Geschichte über Rivalität dar. Sie zeigt Vorgänge, die sich überall abspielen, sowohl in einem Betrieb, in einem Lehrerzimmer als auch in einer Pflegeabteilung eines Krankenhauses. Niemand, der diese Geschichte liest, ist erstaunt über die Kündigung von Anna B., und niemand wundert sich darüber, dass die Kolleginnen auf die neue Mitarbeiterin ablehnend reagierten. Aber gerade deshalb, weil diese Geschichte so alltäglich ist, ist sie so wichtig. Sie repräsentiert das Normale, den Alltag, das Gewohnte und Selbstverständliche: Überall, wo Menschen miteinander in Kontakt treten oder zusammen arbeiten, wird rivalisiert.

Es bilden sich Einzelkämpfer, Sündenböcke, Prügelknaben, rivalisierende Paare, Untergruppen, Fraktionen, einzelne Abteilungen oder übergreifende Parteien heraus. In allen diesen Strukturen laufen Prozesse ab, die wir dem Begriff Rivalität unterordnen.

Und trotzdem, wenn das Rivalisieren auf das eigene Leben bezogen wird, verliert es plötzlich die Alltäglichkeit, die Selbstverständlichkeit. Dann erhalten diese Vorgänge und Gefühle etwas Fremdes, Unverständliches, Beängstigendes. Plötzlich kann sich niemand mehr identifizieren, fühlt sich niemand mehr betroffen. Selber würde man anders, besser, angemessener und erfolgreicher agieren. Und mit Rivalität habe das sowieso nichts zu tun. Schließlich sei das Rivalisieren schlecht, ein Übel, eine menschliche Schwäche.

Was bedeuten diese Aussagen? Im Beispiel der Anna B. wurde nie offen über Rivalität gesprochen. Die wahren Zusammenhänge wurden nicht reflektiert, und das Wesentliche wurde gänzlich vertuscht.

Vielfach ist es aber anders. Vor allem Frauen rivalisieren meistens offen und gezielt miteinander und verhehlen nicht, dass sie die Rivalinnen ausstechen wollen. Sie gestehen sich durchaus ein, dass sie selber rivalisieren, lehnen dieses Verhalten aber gleichzeitig als etwas Ungutes, Unschickliches, Nachteiliges, das es im Laufe ihres Lebens zu überwinden gilt, ab. Das «im Laufe des Lebens» kann aber nur heißen, dass das Rivalisieren etwas darstellt, dem man vor allem während der Kindheit, in der Jugend oder als jüngerer Erwachsener unterliegt. Das Rivalisieren könnte also etwas Unreifes bedeuten, das man dann überwinden kann, wenn man älter wird, wenn man sich an reiferen Werten bzw. erwachsenen Vorstellungen orientiert.

Rivalisieren kann unangenehme Folgen zeitigen. Deshalb gilt es als ungehörig, als unter der Würde stehend, auf so offensichtliche Weise Schwäche zu zeigen. Das ehrliche Eingeständnis, selber zu rivalisieren, löst Scham und Schuldgefühle aus. Ist Rivalisieren gesellschaftlich geächtet, sozial tabuisiert?

Tatsächlich war das Verhalten von Anna B. nicht gerade vorbildlich. Obwohl ihre Reaktion verständlich war, verhielt sie sich undiplomatisch. Anscheinend gibt es viele Formen, seinen Unmut auszudrücken, sowohl aufbauende, die zum Erfolg führen, als auch abträgliche, die neue Spannungen schüren. Vom Standpunkt der Mitarbeiter aus gesehen, hatte sich Anna B. nicht klug verhalten. Sie hatte ihre Kolleginnen unnötig vor den Kopf gestoßen, verletzt und beleidigt. Sie hatte den richtigen Umgangston nicht gefunden, um Belehrungen auf akzeptable Weise weiterzugeben.

Das ist nicht erstaunlich, wenn man sich die Lebensgeschichte von Anna B. vor Augen führt: Sie stammte aus einer Beamtenfamilie. Sie wollte sich für größere Aufgaben vorbereiten und hatte Pläne, selber einen Restaurantbetrieb zu übernehmen. Entsprechend hatte sie sich qualifiziert. Mit ihrem Wissen und Können war sie im vorliegenden Geschäft deutlich unterfordert und hatte ihre brachliegenden Fähigkeiten in sehr ungeeigneter Form in den Betrieb hineingetragen.

Eigentlich hätte sie die Funktion des Chef de Service selber übernehmen wollen. Diese Aufgabe hätte ihr deutlich mehr Spaß gemacht als die Arbeit einer einfachen Serviceangestellten. Diese Stelle war aber seit vielen Jahren durch die langjährige Mitarbeiterin Cornelia D. besetzt. Die gruppendynamische Struktur des ganzen Teams war im Laufe der Jahre erstarrt, und die Leitung des Betriebes ließ zusätzlich zu wünschen übrig. Zudem zeigte sich Anna B. wenig geneigt, sich der unprofessionellen Führung unterzuordnen. Sie war es schon im eigenen Elternhaus gewohnt, den Haushalt peinlich sauber zu führen und Unregelmäßigkeiten im Hinblick auf die Hygiene auf keinen Fall zu dulden. Ihre eigene Mutter war zeitlebens psychisch krank gewesen, was die junge

Frau schon damals veranlasste, Verantwortung zu übernehmen, mitzuhelfen und den Haushalt in Ordnung zu halten. In diesem Sinne wiederholte sie im Restaurantbetrieb das gruppendynamische Muster der Elternfamilie.

Hinzu kommt: Anna B. hatte schon immer Probleme mit Frauen. Sie arbeitete lieber mit Männern zusammen, weil sie sich mit Männern besser arrangieren konnte als mit Frauen und weil sie den gefühlsmäßigen Kontakt zu Männern leichter herzustellen verstand als zu ihresgleichen.

Zusammenfassend gesehen, zeigt uns das Beispiel mehrere wichtige Aspekte des Rivalisierens:

- Die Rivalität wurde von den beteiligten Menschen als solche kaum wahrgenommen. Obwohl das Rivalisieren überall spürbar war, als Spannung, als Gefühl, als atmosphärische Stimmung und sichtbar in den Gesten, dem Gesichtsausdruck, in der Haltung, wurde zwar viel über Nebensächliches, aber nicht über Rivalität gesprochen.
- Es wird zweitens festgestellt, dass am Rivalisieren meistens alle Menschen einer Gruppe, eines Teams oder einer Abteilung beteiligt sind. Das Rivalisieren der einzelnen Menschen fügt sich zu einem Rivalitätssyndrom der ganzen Gemeinschaft zusammen.
- Drittens konnte man spüren, dass es heilsame und schädliche Formen des Rivalisierens gibt. Hinter der Rivalität können sich sowohl achtenswerte als auch tadelnswerte Motive verbergen. Versteckt sich möglicherweise hinter dem verwerflichen Rivalisieren das uns bekannte «Mobbing»? Ist «Mobbing» nur eine besondere Variante der Rivalität? Und spielt vielleicht die mögliche positive Form der Rivalität in der menschlichen Gesellschaft eine wichtige Rolle?
- Und schließlich wird man am Beispiel von Anna B. erahnen, dass den spezifischen Formen des Rivalisierens regelhaft tiefenpsychologische Muster zu Grunde liegen. Möglicherweise bestehen zwischen dem Charakter des Rivalisierens und alten Erfahrungen aus der Kindheit unbewusste Zusammenhänge.

Ein zweites Beispiel soll zeigen, dass die Rivalität nicht auf Menschen in einem Speiselokal beschränkt bleibt. Sie findet auch an anderen Orten, in anderen Berufen, sogar in den obersten Etagen statt. Man könnte vielleicht annehmen, dass hoch gebildete Menschen andere Umgangsformen pflegen. Warum sollte die Art des Rivalisierens nicht vom Bildungsstand, von der Intelligenz, von der beruflichen Kompetenz oder von der charakterlichen Integrität abhängen? Sollte es nicht möglich sein, dass intelligente Menschen auch im Hinblick auf ihre Rivalität ein speziell kultiviertes Verhalten zeigen, dass sie zum Beispiel ein rücksichtsvolleres, anständigeres, angepassteres und der spezifischen Situation besser entsprechendes Benehmen offenbaren?

Rivalität bis in den Tod

Die betreffende Abteilung der chirurgischen Klinik einer deutschen Großstadt wurde seit längerer Zeit von zwei Chefärzten gemeinsam geleitet. Der jüngere der beiden, ein unberechenbarer Intrigant, fühlte sich durch den älteren Chefarzt und ehemaligen Direktor der Klinik in seiner beruflichen Entfaltung gehindert und bestand deshalb auf der Einstellung eines dritten Chefs. Der Jüngere wollte mit dieser Neueinstellung seine Machtbasis stärken und mit dessen Hilfe seinen ehemaligen Chef endgültig beiseite schieben. Dieser Dritte wurde tatsächlich eingestellt und die Klinik von nun an durch ein Triumvirat geleitet.

Auch unter den Mächtigen dieser Welt gibt es integre und weniger integre Menschen, die je nachdem fair oder skrupellos rivalisieren. Vielleicht ist es gerade die Macht, die für viele verführerisch wirkt, die zu Pflichtverletzung und Skrupellosigkeit lockt?

Nach ungefähr einem Jahr erlitt der ältere Chefarzt einen schweren Unfall, der ihn monatelang ans Bett fesselte. Während dieser Zeit organisierten sich die beiden Jüngeren und teilten die Leitungsaufgaben der Klinik geschickt unter sich auf. Sie rissen alle wichtigen Obliegenheiten an sich. Der ältere Chefarzt, dessen Wunden lange nicht heilen wollten, merkte bald, dass für ihn in der alten Funktion kein Platz mehr vorhanden war. Dem entsprach auch die Botschaft, die von den Jüngeren hin und wieder deutlich und unmissverständlich ans Spitalbett des älteren Chefarztes getragen wurde. Wiewohl Letzterer liebenswürdig, sensibel

und bei seinen ehemaligen Untergebenen hoch geachtet war, wur-
de er zunehmend von melancholischen Stimmungen und Selbst-
zweifel befallen. Er fühlte sich von seinen eigenen Kollegen an
die Wand gespielt und ausgeschlossen. Eines Morgens wurde der
Suizidversuch des Chefs bekannt. Er lag nach der Einnahme von
Schlaftabletten auf der eigenen Intensivstation im Koma, und es
bestand nur wenig Hoffnung, dass er überleben würde.

Es blieb abzuwarten, ob die jungen Chefärzte zur Besinnung kommen und die furchtbaren Konsequenzen ihres unbarmherzigen Rivalisierens einsehen würden. Leider war dem nicht so:

Nach wenigen Tagen wurde auf Veranlassung der Angehörigen
die lebenserhaltende Apparatur abgeschaltet, was, laut Aussagen
eines schockierten Assistenzarztes, dem jungen Chefarzt nur ein
heimliches, triumphierendes Lächeln abnötigte.

Was zeigt uns dieses Beispiel? Anscheinend findet herzloses Rivalisieren überall statt. Selbst Chefärzte, Professoren, Direktoren und Minister kämpfen mit höchstem Einsatz rivalisierend um ihren Platz. Je mehr Macht, Ehre und Ruhm auf dem Spiele stehen, desto unbarmherziger scheinen die Kriege geführt zu werden. Das Beispiel zeigt weiter, dass die Rivalität bisweilen Formen annehmen kann, wo Mitgefühl, Anstand und Recht auf der Strecke bleiben.

Die gefühlsmäßige Dimension

Schon mehrfach wurde behauptet, dass sich das Rivalisieren sowohl geistig als auch gefühlsmäßig manifestiert. In Wirklichkeit sind beide Komponenten untrennbar miteinander verbunden. Wie stellt sich aber der Zusammenhang zwischen der Charakteristik der Situation und der Intensität der Gefühle dar?

Interessanterweise wird die Rivalität nicht immer gleich stark empfunden. Zwischen der vermuteten Leistungsdifferenz zwischen den Rivalen und der Stärke der wahrgenommenen Motivation zum Rivalisieren besteht eine funktionale Beziehung. Mit Konkurrenten, die bezüglich des relevanten Leistungskriteriums weit unterlegen sind, pflegen sich Rivalen nicht ernsthaft zu messen. Ihre Leistung lockt höchstens ein «müdes Lächeln» hervor.

Das ist ganz anders, wenn sich Rivalen miteinander vergleichen, deren Leistungen kaum voneinander abweichen oder die von einem der beiden Kontrahenten nur um weniges übertroffen werden. Plötzlich wird diese ansonsten uninteressante Person zum wichtigsten Studienobjekt. Sie zieht die Aufmerksamkeit auf sich und löst durch ihr Tun, ihre Erfolge und Niederlagen bei den anderen Konkurrenten starke Beachtung aus.

Wenn der Konkurrent aber weit mehr vollbringen kann als erwartet, wenn er um vieles besser kombinieren, klüger entscheiden, schneller rennen, weiter werfen kann, dann liegen dessen Ziele weit außerhalb der eigenen Leistungsgrenze. Dann liegen zwischen seiner Leistungsgrenze und dem eigenen Erwartungshorizont Welten. In diesem Fall helfen auch die größten Anstrengungen nicht, den Abstand zu verkleinern, das Leistungsgefälle ist stabil, und alles ist entschieden. Es bleibt nichts anderes übrig, als das «Unten» und «Oben» zu akzeptieren und den Kampf resigniert aufzugeben. Wer soll dann noch in Erregung geraten, Spannungen aufbauen oder Emotionen entwickeln?

Die Stärke der Rivalität ist auch von der psychischen Befindlichkeit abhängig: Menschen rivalisieren in der Regel umso stärker, je tiefer das Selbstwertgefühl, je geringer die Selbstsicherheit und je größer die Lebensangst ist. Allgemein bedeutet das, wenn die Liebe der Eltern, die Anerkennung der Vorgesetzten oder, etwas überspitzt ausgedrückt, «das Futter im Trog» nicht ausreicht, wird das Rivalisieren zum existenziellen Überlebenskampf.

Im Hinblick auf das Erfühlen der Rivalität gibt es noch einen weiteren wichtigen Aspekt: Stimmt es denn wirklich, dass man nicht «nicht rivalisieren» kann? Gibt es nicht Menschen, die behaupten, solche «abwegigen» Gefühle gar nicht zu kennen?

Die einundsechzigjährige Frau K. lebte allein in einem weitläufigen Anwesen, das sie seit vielen Jahren mit großer Hingabe pflegte. Die Vormittage verbrachte sie regelmäßig im Garten, goss ausgiebig die Blumen und Sträucher, schnitt sorgfältig die Rosen, band Reben und Himbeeren hinauf und pflegte den Rasen. Am Nachmittag verrichtete sie in der Regel den Haushalt, telefonierte mit ihrer Freundin oder mit einem ihrer Kinder, entweder mit ihrer Tochter oder mit dem längst erwachsenen Sohn.

Der Mann von Frau K., ein erfolgreicher Kleinunternehmer, lebte seit mindestens zehn Jahren mit einer anderen Frau zusammen. Selten, wenn es seine Geschäfte erlaubten oder wenn wichtige Entscheidungen im Hinblick auf die Kinder oder die Liegenschaften anstanden, machte er einen Kurzbesuch.

Frau K. war immerzu herzlich, kümmerte sich liebevoll um das Wohl ihres Ehemannes, wenn dieser vorbeikam, verwöhnte ihre Kinder mit großzügigen Geschenken, machen da und dort, wenn sich jemand als bedürftig erwies, finanzielle Zuwendungen.

Erstaunlicherweise schien Frau K. immer zufrieden, kannte keinen Neid und keine Eifersucht und hegte für ihre um einige Jahre jüngere Rivalin, die Freundin ihres Mannes, keine eifersüchtigen Gefühle. Sie lebte von der Hoffnung, von ihrem Mann, dem sie in Treue verbunden blieb, endlich wieder geliebt zu werden.

Trotz dieses Scheinfriedens litt Frau K. stets an Migräne, hatte beängstigende Herzschmerzen, hohen Blutdruck und quälendes Rheuma. Während der Nacht wurde ihr Schlaf von wilden Träumen gestört, und tagsüber wurde sie hin und wieder von furchtbaren Existenz- und Todesängsten befallen. Aus diesen Gründen wandte sie sich an mehrere Ärzte, vorwiegend Herz- und Kreislaufspezialisten, bei denen sie zwar kurzes Gehör, aber niemals Linderung erfuhr. Sie wechselte deshalb regelmäßig den Arzt, suchte Hilfe bei Sehern und Heilern und ließ sich die Sterne deuten.

Was zeigt uns dieses Beispiel? Bestätigt es nicht unsere These, dass es Menschen gibt, die nicht rivalisieren, die es nicht stört, wenn ihr Mann mit einer anderen Frau zusammenlebt, und die sich nicht darüber ärgern, dass sie sowohl von den Kindern als auch von ihrem Ehemann ausgenutzt werden? Frau K. hatte keine aggressiven Gefühle, keine «hysterischen» Ausbrüche, machte keine Szenen und zeigte keine Anstalten, die leidvolle Situation nachhaltend zu verändern. Sie störte niemals die «Harmonie», brach keine Auseinandersetzungen vom Zaun und war nicht bereit, sich die Doppelbödigkeit ihrer Lage einzugestehen. Im Gegenteil, Frau K. blieb immerzu liebenswürdig und anständig. Sie reagierte höflich, wenn sie im Supermarkt der Lebensgefährtin ihres Mannes zufällig begegnete, und versuchte, das etwas anrüchige Verhalten ihres Mannes vor sich selbst mit dünnen Argumenten zu rechtfertigen.

Wo ist die emotionale Balance? Ist es tatsächlich möglich, dass man eine solch ausweglose Lebenssituation ohne Emotionen ertragen kann? Kann man solche Verletzungen, wie sie Frau K. erleiden musste, solche Demütigungen und Erniedrigungen, einfach wegstecken?

Es erstaunt nicht, dass Frau K. immerzu litt. Sie litt zwar nicht in ihrer Seele, sie war nicht enttäuscht, niedergeschlagen, verstimmt oder wütend. Sie litt an ihrem Körper, in ihrem Kopf, in ihrem Herzen und in ihren Gelenken. Vielleicht waren es ihre Aggressionen, die unbewusst ihr Unwesen trieben? Und vielleicht war es die gleiche seelische Energie, die ihr körperliches Leiden schaffte, die gleiche Kraft, die entweder die Seele berührt oder den Körper ruiniert? Und vielleicht war es doch so, wie viele Psychotherapeuten behaupten, dass die Gefühle, die man psychisch verdrängt, in den Körper wandern und die Gesundheit bedrohen?

Die Allgegenwärtigkeit der Rivalität

Warum ist es so, dass das Rivalisieren so wichtig, so verbreitet ist? Welche Bedeutung kommt dem Rivalisieren zu? Ist es möglich, dass die Rivalität im menschlichen Zusammenleben eine wichtige Rolle spielt, dass dem Rivalisieren eine bedeutende gesellschaftliche Funktion zukommt?

Die Rivalität findet sowohl in großen Strukturen, zum Beispiel im Kräftespiel zwischen politischen Bündnissen, zwischen Ländern und Völkern, als auch in Mikrostrukturen, in Bereichen der Biologie und der Familien, statt. Meistens sind die Menschen aber überzeugt, dass sie nur Beobachter, Betrachter oder gar Opfer dieser Rivalität sind. Aber warum soll es nur Opfer der Rivalität und keine Täter geben?

Vielleicht lassen sich die Geschichten auch anders interpretieren. Vielleicht sind nicht nur die anderen die Täter, sind es nicht nur stets die anderen, die rivalisieren: Vielleicht sind auch wir oder Sie, der Leser oder die Leserin, Täter. Vielleicht rivalisieren auch Sie so verschwiegen und heftig mit den anderen wie die anderen mit Ihnen, und die anderen sind ebenso Opfer Ihrer Rivalität wie Sie ein Täter.

Das Rivalisieren findet in vielen Formen und Varianten statt. An erster Stelle steht die Einzelperson, die mit einem einzelnen Konkurrenten rivalisiert. Dabei geht es vielfach um persönliche Macht, um bestimmenden Einfluss, um eine besondere Kompetenz, um allgemeines Ansehen. Rivalität ist zweitens aber auch zwischen verschiedenen Fraktionen beziehungsweise Untergruppen in einer hierarchisch übergeordneten Gesamtgruppe zu beobachten. Diese Konstellationen finden wir überall, speziell im Rahmen des gruppendynamischen Prozesses (Oehler, 1999), wenn sich die zuvor strukturlose Gruppe zu einer ersten Vorstruktur gruppiert. An dritter Stelle, auf einer höheren Ebene, sind es vollständige Gruppen, die in Konkurrenz zueinander stehen und heftig miteinander rivalisieren. Diese unterscheiden sich vielfach nur formal oder auf Grund der unterschiedlichsten Eigenschaften ihrer Mitglieder voneinander. Sei es, dass die Gruppenteilnehmer geographisch aus einer bestimmten Gegend stammen, zum Beispiel aus Bayern oder aus Preußen, dass sie eine andere Sprache sprechen, zum Beispiel Französisch oder Englisch, dass sie einer anderen Konfession, zum Beispiel der katholischen oder der protestantischen, oder einem anderen Stand, dem Bürgerlichen oder dem Adel, angehören. Wir finden auch immer wieder Auseinandersetzungen, die sich zwischen rivalisierenden Berufsgruppen bilden, zum Beispiel zwischen dem Pflegepersonal und den Ärzten in den Spitälern, zwischen Psychologen und Pädagogen in den Schulen, zwischen Psychologen und Ärzten in den psychiatrischen Kliniken, zwischen Lehrern und Erziehern in den Schulheimen, zwischen Akademikern und Facharbeitern in Betrieben, zwischen Juristen und anderen Berufsgruppen in der Politik und zwischen Laien und Priestern in der Kirche. Die Rivalität tritt besonders dann in den Vordergrund, wenn sich aus verschiedenen Gründen die Machtverhältnisse beziehungsweise die soziostrukturellen Bedingungen, anhand derer die Berufsbilder definiert werden, gegeneinander verschieben. So wurden aus dem einstmals relativ wenig qualifizierten Hütedienst in Wohn- und Erziehungsheimen ein Berufsstand bestens qualifizierter Sozialpädagogen, aus dem vor allem mit einfachen Versorgungs- oder Bewachungsaufgaben betrauten psychiatrischen Pflegedienst eine

Berufsgruppe sehr differenziert ausgebildeter Psychiatriepfleger und Psychiatrieschwestern und aus einer Gruppe sehr ungleich ausgebildeter akademischer beziehungsweise nichtakademischer psychologischer Berater eine neue, gut qualifizierte Berufsidentität der akademischen Fachpsychologen. Diese Veränderungen führen zwischen der betreffenden Berufsgruppe und dem vormals privilegierten Berufsstand der Lehrer, Ärzte wie auch Psychiater zu zunehmenden Unstimmigkeiten, die in erster Linie in der Rivalität zwischen den beiden Berufsständen begründet liegt.

Die Unterscheidungskriterien Geographie, Sprache, Religion und Stand spielen auch in größeren Gruppen, in Städten, Regionen oder gar in Staaten beziehungsweise Ländern eine Rolle. Man muss zum Beispiel an die Glaubenskriege des Mittelalters, an politische Auseinandersetzungen, die im Zugang zu unterschiedlichen wirtschaftlichen Ressourcen begründet liegen, an das Kastenwesen in Indien oder an soziale Verteilkämpfe, die ihren Ursprung in ungerecht verteilten sozialen Privilegien haben, erinnern.

Die Religionen erfüllen in der Regel nicht nur einen mehr oder weniger nützlichen Dienst am Menschen, sie haben hin und wieder auch den etwas unbescheidenen Anspruch, die Wahrheit zu kennen und Recht zu haben. Das ergibt sich logisch aus dem Wesen der Religionen, dass sie richtig, schlüssig und unfehlbar sind. Nur so sind sie in der Lage, Antworten auf letzte Fragen zu geben, nur so erfüllen sie den hehren Anspruch, Halt und Sicherheit zu garantieren, Lücken zu schließen und Strukturen zu setzen. Religionen sind Institutionen, deren wesentliche Aufgabe es ist, Verbindlichkeit zu schaffen, Orientierungshilfe zu geben und Gewissheit zu vermitteln. Nur so sind sie die unverrückbaren Bollwerke des Glaubens gegen die Abgründe des Unwissens und der Verzweiflung.

Es kann aber nur eine Wahrheit geben. Deshalb schafft gerade dieser Anspruch, der ungebrochene Wunsch nach höchster Verbindlichkeit, weitere Probleme. Es ist wichtig, ob die Überzeugungen, die Glaubensinhalte und Dogmen wirklich wahr, eher gut oder die besten sind. Seit es Religionen gibt, erscheinen Propheten, die es besser wissen als ihre Vorgänger, die neue Lehren verkünden und neue Antworten geben. Insofern werden auch in Zukunft neue Religionen auftreten und mit den alten um Einfluss kämpfen, um Vormacht rivalisieren und Glaubenskriege führen.

Rivalität kann sich sogar auf höchster Ebene, zwischen ganzen Erdteilen, Kontinenten oder Hemisphären entwickeln, zum Beispiel zwischen der braunen, gelben, weißen, roten oder schwarzen Bevölkerung, zwischen den weit entwickelten oder unterentwickelten Regionen, zwischen politischen Ideologien oder zwischen der Süd- und der Nordhalbkugel. Nicht ohne Besorgnis weist Arnold Hottiger (2000) auf die Gefahren hin, die sich in nächster Zukunft aus der sich zuspitzenden Rivalität zwischen der westlich-christlichen und der östlich-islamischen Welt ergeben könnten.

Zusammenfassend lässt sich folgendes Fazit ziehen: Die Rivalität kommt immer und überall vor. Sie gilt per definitionem als untrennbarer Bestandteil des menschlichen Verhaltens und ist möglicherweise von besonderer Bedeutung, die in ihrem Ausmaß noch kaum bekannt ist. Die Mitglieder einer Familie, die Schüler beziehungsweise Schülerinnen einer Schulklasse, die Teilnehmer eines Wettkampfes oder die Einwohner einer Stadt, alle sind sie Mitbeteiligte, Miterlebende, Nachbarn, Anlieger, Gleichberechtigte oder eben, im Sinne der ursprünglichen Bedeutung des Begriffes, Rivalen. Man könnte in Anlehnung an den vielsagenden Satz von Paul Watzlawik (1968): «Man kann nicht *nicht* kommunizieren» vielleicht auch sagen: «Man kann nicht *nicht* rivalisieren!» Man kann also offen oder verdeckt rivalisieren, man kann bewusst oder unbewusst rivalisieren, und man kann spürbar oder nicht spürbar rivalisieren. Man rivalisiert aber immer, auch wenn die Rivalität das eine Mal von anderen Gefühlen überlagert, im Augenblick nicht wesentlich, nicht relevant oder momentan aus anderen Gründen nicht offenbar ist.

Dieser Satz, dass alle Menschen rivalisieren, erstaunt. Mit diesem Satz sind nicht alle Menschen einverstanden. Der Satz stellt sozusagen nur die eine Seite unseres Dilemmas, nur den einen Aspekt des Problems dar.

Das Tabu

Kaum ein Mensch gibt offen zu,
dass er selber rivalisiert

Erstaunlicherweise, obwohl wir das Phänomen der Rivalität überall auf der Welt und auf jeder Ebene beobachten, geben nur wenige
Menschen selbstkritisch zu, dass sie selber rivalisieren. Wenn zwischen Menschen in einer Familie, in einer Schule oder in einem
Betrieb Konflikte auftauchen, die deutlich die Züge zwischen-
menschlicher Rivalität tragen, ist es plötzlich schwierig, darüber
zu reden. Und wenn die Betreffenden trotzdem zugeben, dass sie
rivalisieren, lassen sie nichts unversucht, diesem anscheinend unge-
wünschten, ja peinlichen Verhalten umgehend entgegenzuwirken.

Diese Aussagen lassen aufhorchen. Anscheinend sind viele
Menschen der Ansicht, dass sie nicht rivalisieren. Auch auf vor-
sichtiges und rücksichtsvolles Nachfragen in Mitarbeiterbespre-
chungen, Teamsitzungen oder Supervisionsgruppen bekommt
man meistens die gleiche Antwort: Niemand rivalisiert mit irgend-
jemandem, niemand ist neidisch, eifersüchtig, schadenfroh,
niemand will jemandem Konkurrenz gemacht haben. Und wenn
sich einmal die Gelegenheit ergibt, im Rahmen eines Mitarbeiter-
gesprächs über Rivalität zu reden, lässt man die Gelegenheit
ungenutzt verstreichen. Es wird zwar über dies und jenes gesprochen, über die Arbeitsbedingungen, über die Pflichten und möglicherweise über den Lohn, aber kaum jemals über das Wesentliche, über die zwischenmenschliche Rivalität!

Es gibt zwar Zeugnisse, historische Chroniken, Berichte von
Zeitzeugen und Dichtungen, in denen viel über Rivalität, Neid,
Eifersucht, Verrat, Verleumdung und Mord geschrieben steht, zum
Beispiel in der Bibel, in den Märchen, in den Sagen des Altertums,
in den Tragödien der Antike und selbstverständlich in den heuti-
gen Medien, in der Unterhaltungsindustrie, in den Kriminalroma-
nen und Filmerzeugnissen. Aber warum leben diese Gefühle oder
Handlungen nur in den Zeitdokumenten, in den Romanen, Filmen,
nicht aber in unserem Erleben, in unserem Bewusstsein und nicht
in der wissenschaftlichen Literatur? – Vielleicht gerade deshalb,
weil sie tabuisiert sind.

Die Tatsache, dass niemand wahrhaben will, dass man rivalisiert, stellt die andere Seite des Dilemmas dar. Damit ist also unser «Dilemma» komplett! Aber warum will das niemand wahrhaben? Warum ist es so, dass sowohl Betriebsangehörige als auch andere Menschen in anderen Stellungen nicht angemessen über Rivalität reden? Warum wird das Rivalisieren so stark verdrängt, und warum wird dieser Begriff mit einem Tabu belegt? Welches sind die Gründe, dass sich die Menschen schämen, wenn sie rivalisieren? Warum fühlen sie sich bloßgestellt, wenn sie in ihrem Rivalisieren erkannt und benannt werden oder wenn sie sich selbst darin erkennen? Und warum ist dieses Dilemma bis heute ungelöst?

Ein Tabu ist ein gesellschaftlich sanktioniertes allgegenwärtiges Verbot, ein bestimmtes Thema aufzugreifen, anzudeuten oder auszusprechen. In der polynesischen Sprache bedeutet «tapu» wörtlich «das stark Gezeichnete». Es unterstreicht damit das Besondere, das Herausgehobene, das Gebrandmarkte. Es bezeichnet alle gottgeweihten, heiligen Dinge, die aus religiöser Scheu dem tatsächlichen oder sprachlichen Zugriff des Nichtreligiösen verboten sind. In unserem Sprachgebrauch hat der Begriff den Nimbus des Außerordentlichen zwar behalten, er hat aber die Beziehung zum Religiösen größtenteils verloren.

Das Ansprechen «gebrandmarkter» Verhaltensweisen, wie hier zum Beispiel die Rivalität, ist dann mit einem Tabu belegt, wenn das Thema aus verschiedenen Gründen sozial unerwünscht ist oder gemieden wird. In der Regel wirkt das Tabu umso stärker, je größer die Gefahr ist, die von dem betreffenden Thema ausgeht. Das bedeutet aber, dass die Rivalität bzw. das Rivalisieren von den Menschen als bedrohlich erlebt wird. Worin besteht aber diese Gefahr? Warum erscheint den Menschen das eigene Rivalisieren so gefährlich?

Vielleicht besteht die Gefahr darin, dass das Rivalisieren von seiner Funktion her unkooperativ, unsolidarisch ist. Es widerspricht dem allgemeinen Bedürfnis des Menschen, sich vertrauensvoll aufeinander zuzubewegen und die gemeinsamen Anliegen kooperativ zu lösen. Es steht auch dem Integrationsdruck, der dem gruppendynamischen Prozess innewohnt, entgegen. Anscheinend spüren die Menschen intuitiv, dass das Rivalisieren, insbesondere das zerstörerische Rivalisieren, die Integration der Gruppe behindert und der Identitätsentwicklung entgegenläuft. Zudem deckt es allzu offen menschliche Schwächen auf.

Das Rivalisieren ist von seiner Funktion her auf die individuelle Entwicklung hin bezogen. Es steht im Dienste der Ich-Findung beziehungsweise der Identitätsentwicklung, es ist individuell ausgerichtet und unterstützt den Individuationsprozess. Es hat eine egoistische und keine sozial-integrative Funktion. Die Rivalität verstärkt die Konturen zwischen dem «Ich» und dem «Du», den Kontrast zwischen dem Individuum und der umgebenden Gruppe. Sie unterstützt die Ich-Stärkung, die Ich-Findung, das Selbstwertgefühl, die Selbstsicherheit und das Selbstvertrauen und schwächt im Gegensatz dazu die soziale Integration, den Gruppenzusammenhalt, die Gruppenbildung oder die Gruppenstrukturierung.

Aus diesen Gründen gelten Menschen, die stark, mithin offen rivalisieren, als unkooperativ, sozial destruktiv, selbstherrlich, selbstsüchtig, ausbeuterisch, gewissenlos, mitleidlos, skrupellos – Eigenschaften, die sich über herzlos, lieblos, unbarmherzig bis zu gefühllos, hart, roh, grob oder gar grausam steigern können. Menschen, die offen zerstörerisch rivalisieren, werden letztlich in die Nähe von Querulanten, Querschlägern, Strebern, Egoisten, Außenseitern und Profiteuren gerückt.

Es erstaunt deshalb nicht, dass in einem Lehrbuch über Konfliktmanagement (Kellner, 1999) ausdrücklich empfohlen wird, sich bezüglich der eigenen Rivalität zurückzuhalten: «Wie soll man … offen, teamorientiert und vertrauensvoll mit Kollegen auf gleicher Hierarchiestufe zusammenarbeiten, wenn man ständig darauf achten muss, beliebter zu sein als die anderen?»

Rivalisieren heißt also nicht solidarisch sein. Unsolidarisch sein ist aber seit alters ein schweres Vergehen, ein Verbrechen gegen ein heiliges Gesetz, ein Sakrileg. Jedes Volk, jedes Land oder jede Gesellschaft hat, vor allem in sensiblen innenpolitischen Phasen, mit unbeugsamer Härte unsolidarisches Denken, Glauben und Handeln bekämpft. Man denke zum Beispiel an Menschen, die in ihrem Glauben, in ihren Überzeugungen oder in ihrer politischen Einstellung von der Mehrheit abwichen, Menschen, die sich mit dem herrschenden Glauben, den herrschenden Ideen und den herrschenden politischen Verhältnissen nicht solidarisch zeigten. Diese Sektierer, Ungläubigen, Wiedertäufer, Rebellen, Hexen, Zigeuner oder Nestbeschmutzer sind zu allen Zeiten und von alters her schwer verfolgt und bestraft worden. Viele haben ihre Überzeugungen oder ihr Anderssein mit dem Leben bezahlt, zum Beispiel die Mauren in Spanien, die Hugenotten in Frankreich, die Wiedertäufer in der Schweiz, die Juden in Deutschland, die Armenier in der Türkei, die Indianer und Sklaven in Amerika und, auch heute noch, die Muslime in Mazedonien, Bosnien, im Kosovo und die Kurden im Irak, im Iran und wiederum in der Türkei.

Je schwächer eine Gruppe, ein Staat, eine Gesellschaft oder ein Volk ist, desto stärker werden die die Einheit fördernden Faktoren gewichtet und desto unbarmherziger wird die Andersartigkeit verfolgt. Die bedrohten Minderheiten kämpfen dann verbissen um ihre Identität, weil sie ihre Eigenart erhalten und nicht verlieren wollen.

Es gibt noch andere Gründe, warum die Rivalität tabuisiert wird. Die Rivalität hat auch mit Kampf und Konkurrenz zu tun. Kämpfe können aber sowohl gewonnen als auch verloren werden. Und Niederlagen schmerzen! Möglicherweise wird das Rivalisieren deshalb verdrängt, weil viele Menschen nicht verlieren können.

Die Tabuisierung als Scheinlösung des Dilemmas

Wie schafft es aber die Psyche, die Rivalität so wirkungsvoll zu verbergen? Diese Frage ist schon deshalb interessant, weil alle Menschen, die vorgeben, nicht zu rivalisieren, ihr Rivalisieren irgendwie maskieren müssen. Das Problem lässt sich etwas pointiert mit dem Dilemma des Vogels Strauß vergleichen: Alle Menschen sehen es, nur ich will nicht sehen. Also stecke ich den Kopf in den Sand. Mit anderen Worten: Alle Menschen nehmen wahr, dass sie und andere rivalisieren, nur will es niemand für sich selbst wahrhaben.

Beim Prozess des Nicht-wahrhaben-Wollens können verschiedene Abwehrmechanismen in zahlreichen Kombinationen wirksam werden (vgl. auch Anna Freud, 1977). Neben der Verdrängung spielen bei der Tabuisierung zum Beispiel auch das Verharmlosen, das Verleugnen, die Verkehrung ins Gegenteil, das Vermeiden, die Ablenkung, die Verschiebung, die Projektion, die Wendung gegen die eigene Person und die Verwandlung in ein körperliches Symptom eine bedeutsame Rolle (vgl. Rost u. Schulz, 1994):

- Die «Verdrängung» ist eine häufig vorkommende Art der Abwehr unangenehmer, beängstigender oder schmerzlicher Gefühle. Bei der Verdrängung fallen sowohl der bewusstseinsfähige oder verstandesmäßige Teil der Rivalität als auch die damit verbundenen Gefühle dem Vergessen anheim. Man kann sich einfach nicht mehr erinnern, dass man rivalisiert. Die Erinnerung bleibt aber im Unterbewusstsein gespeichert und kann bei entsprechenden Bemühungen oder gegebenenfalls auch spontan lebenslang rückerinnert werden.
- Von «Verharmlosung» kann man sprechen, wenn zum Beispiel das eigene Rivalisieren als bloßes Nebeninteresse, als einmaliger Ausrutscher oder als zufälliges Ereignis interpretiert wird.
- Beim Abwehrmechanismus der «Verleugnung» streiten die Menschen, wenn sie auf das eigene Rivalisieren angesprochen werden, das persönliche Beteiligtsein entschieden ab.
- Die «Verkehrung ins Gegenteil» ist schwieriger zu erklären. Sie liegt dann vor, wenn eine Person ihr Rivalisieren durch ein überfreundliches beziehungsweise überliebes Verhalten kompensiert oder, vielfach unbewusst, eine besonders selbstlose Kooperationsbereitschaft beziehungsweise Wertschätzung vortäuscht.
- Der Abwehrmechanismus des «Vermeidens» wirkt sich so aus, dass entsprechende Personen allen Rivalitätssituationen aus dem Wege gehen. Sie unterlassen zum Beispiel die Anstellung für einen Arbeitsplatz, der einen engen Kontakt zu Arbeitskollegen und eine kooperative Zusammenarbeit mit anderen Mitarbeitern voraussetzt, oder sie greifen notfalls zur Kündigung, wenn ihnen die Rivalitätsprobleme über den Kopf wachsen. Diese Situation haben wir im Fallbeispiel «Rivalität in einem Restaurantbetrieb» kennen gelernt.
- Der Mechanismus der «Ablenkung» liegt dann vor, wenn das Thema Rivalität anlässlich einer Besprechung hinter anderen Themen, zum Beispiel hinter arbeitsorganisatorischen, arbeitstechnischen oder gesundheitspolitischen Fragen, versteckt wird.
- Bei der «Verschiebung» wird das Rivalisieren von einer Ebene auf eine andere, zum Beispiel von der arbeitsbezogenen Büro-

ebene auf die körperbezogene Attraktivitätsebene, verschoben. Die Rivalin ist dann deshalb erfolgreich, weil sie schön ist, und nicht, weil sie besser ist.

- Die «Projektion» als Abwehrstrategie liegt vor, wenn stark rivalisierende Personen bei allen anderen Menschen Rivalität beobachten oder beklagen, nur nicht bei sich selber.
- Die «Wendung gegen die eigene Person» hat meistens einen autoaggressiven Hintergrund. Diese Menschen überhäufen sich wegen ihres Rivalisierens mit Selbstvorwürfen und Schuldgefühlen.
- Schließlich bleibt noch die «Verwandlung in ein körperliches Symptom». Dieser Abwehrmechanismus führt in der Regel dazu, dass sich ein nicht wahrgenommenes psychisches Gefühl in ein körperliches Krankheitssymptom verwandelt. Das Rivalitätsgefühl wird dann von den betreffenden Menschen nicht mehr psychisch als Gefühl, sondern nur noch körperlich als Spannung, Erregung oder als körperlicher Schmerz wahrgenommen.

Diese Abwehrmechanismen führen schließlich dazu, dass die Rivalität in ihrer ursprünglichen Funktion nicht mehr spürbar beziehungsweise erkennbar ist. Sie tritt nicht mehr als sichtbares Verhalten in Erscheinung. Ihre physische Energie bleibt aber im Energiehaushalt des Organismus erhalten und zeigt sich möglicherweise im Rahmen einer verschobenen organischen Funktionsstörung oder unter einem anderen psychischen Deckmantel wieder. Jeder Mensch, der seine Sensibilität zur Wahrnehmung der eigenen Rivalität nie entwickelt oder nachträglich verloren hat, kann sich deshalb selbstkritisch fragen: Auf welche Weise und anhand welcher Mechanismen wehre ich die Wahrnehmung meines eigenen Rivalisierens ab? Die Abwehr der Rivalität stellt nie eine nachhaltige Lösung dar. Sie bleibt immer eine Scheinlösung, die langfristig ohne gesundheitliche Beeinträchtigung nicht bestehen kann.

Letztlich mag es noch einen weiteren Grund geben, warum die Rivalität so stark tabuisiert wird. Vielfach erscheint den Menschen das eigene Rivalisieren irgendwie irrational, wesensfremd, nicht einfühlbar, überraschend aus dem so genannten eigenen Unbewussten auftauchend. Das bedeutet, dass die Menschen zu den

Gefühlen, die sie wahrnehmen, nicht ja sagen können. Diese scheinen, in der Konfrontation mit der besonderen Situation, plötzlich und unkontrolliert aus der Tiefe des Unbewussten aufzusteigen. Aber woher kommen diese Gefühle? Wie, wann und wo sind diese tief verankerten Muster entstanden? Wie können sie kontrolliert oder gebändigt werden, wenn man doch weder sie noch ihr rätselhaftes Herkommen kennt? Vielleicht stellt diese Frage eine weitere Schlüsselfrage der Rivalitätsproblematik dar.

Die Lösung des Dilemmas

Das Rivalisieren erfüllt wichtige Funktionen. Das individuelle beziehungsweise kollektive Bemühen, der Bessere zu sein, das bessere Produkt, das stärkere Material, das leistungsfähigere Aggregat herzustellen oder den qualifizierteren Mitarbeiter auszubilden, kommt sowohl dem technischen Fortschritt als auch dem individuellen Wohlergehen zugute.

Dieses Wissen wird aber, wie mehrfach angedeutet, schnell vergessen, wenn es ums eigene Rivalisieren geht, wenn ein Mensch des unsolidarischen Handelns, des unkooperativen Rivalisierens bezichtigt wird. Dann wird das Dilemma plötzlich virulent! Wie kann aber der Widerspruch zwischen den guten und schlechten Eigenschaften der Rivalität aus der Welt geschafft werden? Ist das Dilemma nicht anders zu beseitigen als durch Abwehr und Verdrängung, durch Tabuisierung der Rivalität?

Das Dilemma kann gelöst werden, indem der Begriff «Rivalität» differenziert, das heißt in ein positives, kooperatives oder solidarisches Rivalisieren und in ein negatives, unkooperatives oder unsolidarisches Rivalisieren zerlegt wird! Im Gegensatz zur Rivalität sind die früheren Tabuthemen Sexualität und Aggression weitgehend entmystifiziert. Sigmund Freud hat die Fesseln zum offenen Dialog über die Sexualität gesprengt. Er hat gezeigt, dass schon kleinste Kinder sexuell reagieren, und hat uns die Augen dafür geöffnet, dass es schädlich ist, seine eigenen sexuellen Bedürfnisse zu verdrängen. Und Günter Ammon (1979) hat der Aggression ihren Platz in der Skala der natürlichen Reaktionen zurückgegeben, indem er den Begriff der Aggression in eine «konstruktive» und eine «destruktive» Komponente zerlegte.

Analog zum Aggressionsbegriff soll das oben erwähnte «große Dilemma» durch die Einführung der Begriffe «konstruktive» beziehungsweise «destruktive» Rivalität gelöst werden. Was bedeuten aber diese Begriffe? Was macht denn die konstruktive Rivalität konstruktiv und die destruktive Rivalität destruktiv? Worin besteht die Konstruktivität im Einzelnen, und wie wirkt sie sich konkret auf die zwischenmenschlichen Beziehungen aus?

Die Botschaft einer Heirat

Ein etwas skurriles, aber trotzdem interessantes Beispiel für konstruktive Rivalität finden wir im 18. Jahrhundert:

Es gab offenbar Zeiten, in denen Rivalitätsprobleme einfach zu lösen waren. Die unglückselige Rivalität zwischen den Bourbonenherrschern und den Habsburger Königen wurde 1770 durch die Heirat zwischen der fünfjährigen Marie Antoinette und dem zukünftigen französischen König Ludwig XVI. elegant aus der Welt geschafft.

In einer Zeit, in der die Herrscher ausschließlich dynastisch dachten, in der Kaisertöchter und Königssöhne nichts weiter als Spielfiguren auf dem Schachbrett der Diplomatie waren, Heiratsobjekte zum Zwecke des Ländererwerbs und erhöhter Machtfülle (Weissensteiner, 1994), war die Absicht der Eltern, Maria Theresia und Ludwig XV., zwar etwas ungelenk, sie entsprach aber durchaus den damaligen Gepflogenheiten. Heute muss man nicht gleich vor den Traualtar treten, um ein Rivalitätsproblem zu lösen, um Kontakte zu schaffen, um miteinander ins Gespräch zu kommen und um Beziehungen zu vertiefen. Das Beispiel zeigt aber auf sehr anschauliche Weise die drei wichtigsten Elemente der konstruktiven Rivalität. Sie beinhaltet:

- erstens, dass die Konkurrenten einen direkten Kontakt untereinander herstellen beziehungsweise beibehalten;
- zweitens, dass die Konkurrenten oder Rivalen offen und ehrlich über das Thema Rivalität und über das gegenseitige Rivalisieren sprechen. Sie hat
- drittens zur Folge, dass sich die zwischenmenschliche Beziehung zunehmend verbessert.

Im Folgenden wird versucht, die Wirkung der konstruktiven Rivalität anhand ihrer Funktionen etwas aufzuhellen.

Orientierungsfunktion

Die Rivalität, zum Beispiel in einem Betrieb, zwingt zu erhöhter Aufmerksamkeit sowohl den Konkurrenten als auch den Arbeitsbedingungen gegenüber. Die Wachsamkeit wechselt unter Rivalitätsbedingungen sozusagen in einen höheren Bereitschaftsgrad. Wer rivalisiert, muss stets darauf achten, wie sich die Rivalen verhalten, was sie vertuschen, was sie versuchen, erproben oder was sie insgeheim im Schilde führen. Alle Sinne sind geschärft, die Aufmerksamkeit ist angespannt, um die Schritte der Rivalen, ihre Taktiken und Strategien besser zu kontrollieren. Diese erhöhte Konzentration richtet sich nicht nur auf Personen. Sie umfasst auch die Umstände, die nahe Umgebung, die Betriebsmittel, den Betriebsablauf, die Bildungs- und die Weiterbildungsbemühungen sowie das weitere betriebliche beziehungsweise persönliche Umfeld.

Diese Steigerung der selektiven Aufmerksamkeit kann auch in privaten Beziehungen beobachtet werden. Wer kennt das nicht, dass man Personen, die einem gefährlich werden können, genau beobachtet. Man verschafft sich nicht nur Informationen über die Leistungen und Grenzen der Rivalen. Es motiviert auch dazu, Informationen über den Charakter der nächsten Bezugspersonen zu sammeln. Ganz im Sinne des Sprichwortes: «Sage mir, wer Deine Freunde sind, und ich sage Dir, wer Du bist» könnte man den Satz auch sinngemäß abwandeln zu: «Sage mir, wie Du rivalisierst, und ich sage Dir, wer Du bist.» Die Art und Weise, wie ein Mensch rivalisiert, lässt zweifellos Rückschlüsse auf seine Gesinnung zu, nach welchen ethischen beziehungsweise moralischen Maßstäben er arbeitet und lebt.

Identitätsfunktion

An dieser Stelle drängt sich ein zweites Mal die gedankliche Auseinandersetzung mit der biblischen Erzählung über die ungleichen Brüder Jakob und Esau auf. Was mag der sonderbare Ausgang der Geschichte für das tiefere Verständnis der konstruktiven Rivalität bedeuten?

Jakob brachte mit Hilfe seiner Mutter den eigenen Bruder sowohl um das Erstgeburtsrecht als auch um den väterlichen Segen. Aber

Jakob ging des Segens nicht mehr verlustig. Seine Berufung, seine Identität war durch die betrügerische Rivalität nicht mehr zu brechen.

Wenn nur die Handlung an sich betrachtet wird, muss man sowohl die Mutter als auch Jakob als niederträchtige Intriganten bezeichnen. Der greise Isaak hatte nie die Absicht, seinem Sohn Jakob das Erbe zu verschaffen. Vielleicht hat aber Jakob deshalb den Segen erhalten, weil er eben nur ihm, dem Klügeren der beiden Brüder, zustehen konnte, wenn auch Esau Isaaks Lieblingssohn war. Rebekka, Isaaks Gattin, schien die große Aufgabe, die auf Jakob wartete, noch besser zu spüren als Isaak. Sie glaubte an die besondere Berufung Jakobs, glaubte an seine außerordentlichen Gaben und an seinen auserwählten Status. Aus diesen Gründen wurde der Betrug nachträglich legitimiert. Es schien gerechtfertigt, Jakob widerrechtlich zu bevorzugen, weil der Segen, als Zeugnis seiner Berufung, als Ausdruck seiner Identität, nur ihm, dem Begabteren, zukommen konnte.

In analoger Weise war es Joseph, nicht einer seiner Brüder, der trotz der geschwisterlichen Verfemung als reicher und gemachter Mann aus Ägypten zurückkehren sollte. Joseph, der jüngste der Gebrüder, war wegen seiner außerordentlichen Begabung der vom Vater Gesegnete, besonders Bevorzugte und speziell Berufene.

Mit Identität ist hier die «zentrale Ich-Funktion der Identität» gemeint. Sie bedeutet das optimale Übereinstimmen von genetischen Anlagen, entwickelten Fähigkeiten, erworbenen Fertigkeiten mit der beruflichen beziehungsweise zwischenmenschlichen Wirklichkeit. Der erste Identitätsentwurf ist schon in den Erbanlagen angelegt und kann bei günstigen Entwicklungsbedingungen in Wechselwirkung mit den umgebenden Gruppen zu einer wachsenden Selbstverwirklichung führen.

Die konstruktive Seite der Rivalität beinhaltet deshalb, dass man anhand des eigenen Rivalisierens besser spüren kann, was man in der Tiefe der Seele eigentlich wünscht, will oder anstrebt. Man rivalisiert ja nur mit Menschen, die etwas Besonderes können, beherrschen, besitzen oder etwas Bedeutendes zum Ausdruck bringen, das mit der eigenen Persönlichkeit, mit den tiefsten Sehnsüchten in einer direkten Beziehung steht.

Das Rivalisieren gibt so eine indirekte Rückmeldung über das, was die Menschen im Innersten bewegt. Es zeigt zudem weiter, wie die Merkmale, die zum Rivalisieren reizen, beschaffen sind, welchen Charakter sie haben, wie weit sie reichen und wodurch sie begrenzt sind. Die Reaktionen geben wichtige Informationen über die unbewussten Bedürfnisse im Rahmen des Selbstverwirklichungsstrebens. In diesem Zusammenhang wird die Rivalität, ebenso wie der Neid und die Eifersucht, zum sensiblen Seismographen für unbewusste Identitätswünsche.

Nicht selten offenbaren Menschen, die zu einer herausragenden Aufgabe berufen sind, einen erstaunlichen Ehrgeiz. Vor allem in ihrer Jugend zeigen sie nach außen ein auffälliges, teilweise erschreckend eigensinniges Rivalisieren. Es hat den Anschein, dass sie im Zustand der jugendlichen Unreife mit ihrer intuitiv erahnten Zukunft weit überfordert sind. Ihr innerer Auftrag scheint ihnen zu suggerieren, dass sie sich von ihren gleichaltrigen Spielkameraden abheben und die Verfolgung des persönlichen Weges mit letzter Konsequenz durchsetzen müssen.

Motivierungsfunktion

Die Rivalität spornt sowohl beim sportlichen Kräftemessen als auch im ganz privaten Alltag zu besonderen Anstrengungen an:

Andrea war seit mehr als drei Jahren Mitglied einer psychotherapeutischen Gruppe und redete nie. Sie war schon immer sehr schüchtern gewesen und pflegte wie ein «Mauerblümchen» still und ruhig abzuwarten. Als ein neues Mitglied in die Gruppe eintrat und sich schon von Anfang an intensiv am Gespräch beteiligte, schien sich Andrea sehr zu wundern. Sie dachte, wenn diese das kann, dann kann ich das auch! Von diesem Augenblick an zeigte sich Andrea wie verwandelt und redete in der Gruppe mit.

Viele Unternehmer beziehungsweise Unternehmen machen sich diese Gesetzmäßigkeit zu Nutzen, um die Motivation ihrer Mitarbeiter zusätzlich anzustacheln. Sie treffen organisatorische Maßnahmen, um die innerbetriebliche Kommunikation über Leistungsziele, Leistungsanreize und über die erzielten Leistungswerte der konkurrierenden Mitarbeiter sicherzustellen. Gleichzeitig werden Mitarbeiterteams bewusst um ein motivierendes Rivalitätssetting herum gruppiert und deren Bestreben, die Kollegen mit ihrem persönlichen Einsatz zu übertreffen, mittels großzügiger Provisionsversprechen angeregt.

In einer interessanten Studie der Investmentbank ING Barings wird die These bestätigt, dass sich die Rivalität zwischen den Mitarbeitern und zwischen den Arbeitsteams gut zur Motivierung der Angestellten eignet (Frey/Osterloh, 2000). Diese Studie zeitigte zudem ein überraschendes Zusatzergebnis: Es besagte, dass die Motivation der Mitarbeiter weniger durch Geld als durch das geschickte Anspornen der persönlichen Rivalität zu fördern war:

Die Human Resources Manager stellten mit Erstaunen fest, dass mit erhöhten Provisionen weder die Verweildauer noch die Leistung des Kaders zu steigern waren. Die Verbundenheit mit dem Arbeitgeber blieb auch bei den bestbezahlten Managern unbefriedigend.

Weil das Investmentgeschäft aber in erster Linie ein Beziehungsgeschäft zwischen den Kundenbetreuern und den Kunden ist, in dem es primär um die Kundennähe und das implizite Teamwissen geht, musste die Bank alles daransetzen, einer hohen Fluktuationsrate bei den Kundenbetreuern vorzubeugen und den internen Wissenstransfer zu erhöhen. Zu diesem Zwecke wurde ein umfassendes Motivierungsrepertoire entwickelt, das weit über die individuellen Provisionsangebote und gemeinsamen Zielvereinbarungen hinausging.

Dabei kam dem internen Karriere- und Weiterbildungsangebot große Bedeutung zu. Es wurden verschiedentlich Beförderungen ausgesprochen, die zwar keinen finanziellen Vorteil, dafür eine wesentliche Steigerung des Selbstwertgefühls mit sich brachten. Jüngeren Mitarbeitern wurden selbstständige Projektarbeiten übertragen, um deren Selbstverantwortung und Fachkompetenz zu steigern. Zum Programm gehörte schließlich die stete interne Kommunikation von der obersten Geschäftsleitung bis zur untersten Hierarchiestufe.

In diesem Programm wurde die Motivierungsfunktion der Rivalität, ohne sie explizit beim Namen zu nennen, in verschiedenen Varianten konstruktiv genutzt. Der Aufstieg auf der Karriereleiter war eng mit innerbetrieblicher Rivalität und Konkurrenz verbunden. Die persönlichen Bemühungen der Mitarbeiter wurden auch durch Weiterbildungsprogramme angestachelt, indem die Weiterbildungsblöcke gegenüber den Konkurrenten einen zählbaren Vorteil brachten. Schließlich war die Rivalität auch bei den Projektarbeiten eine wichtige Einflussgröße. Mit den selbstständig erreichten Projektergebnissen verbanden sich erhebliche Prestigesteigerungen und firmeninterne Statusgewinne, die im Rahmen der innerbetrieblichen Konkurrenz generell Beachtung fanden.

Erstaunlicherweise erlebten die Mitarbeiter die zuvor genannte raffinierte Vereinnahmung der motivierenden Rivalität in das allgemeine Unternehmenskonzept nicht als nachteilig oder gar abwegig. Im Gegenteil, die Konkurrenzsituation mit allen ihren Machenschaften, Tricks und Spitzfindigkeiten schien den Mitarbeitern nicht nur Sorgen zu bereiten:

Die Arbeitsituation verwandelte sich in ein faszinierendes Spiel mit eigenwilligen Regeln, originellen Verhaltensmustern und neuartigen Geschäftsabläufen. Die außergewöhnliche Geschäftsstrategie wirkte individuell anregend und provozierte auf allen Stufen erfinderisches Bemühen. Dieses betriebswirtschaftliche Kalkül entfaltete ein weites Feld an Einfallsreichtum und Schöpferkraft, in dem sich eigenwillige, fantasievolle und allgemein kreative Individuen tummeln konnten.

Die motivierende Wirkung der Rivalität ist auch im Spitzensport so selbstverständlich wie unbestritten. Mehr noch, im sportlichen Wettkampf ist sie der bestimmende Teil des ganzen Systems. Sie ist Grundbaustein bzw. Grundvoraussetzung der sportlichen Aktivität. Es ist das rivalisierende Leistungsstreben, der Wille, den Gegner zu besiegen bzw. zu übertrumpfen, das im Leistungssport zum Kämpfen und Üben motiviert.

Individuationsfunktion

Die Persönlichkeit eines Menschen wird vor allem während der Kindheit geprägt. Aus diesen Gründen soll die Wechselwirkung zwischen Rivalität, Individuation und Sozialisation am Beispiel der Ich-Entwicklung und des Aufbaus der Ich-Grenze kurz skizziert werden:

Mutter und Kind sind nach der Geburt symbiotisch miteinander verbunden, das heißt, das Kind kann nicht eigenständig leben und ist von der elterlichen Pflege abhängig. Es ist in diesem Stadium noch nicht in der Lage, mit anderen Menschen zu rivalisieren.

Im Rahmen der Rivalität zu den heranwachsenden Geschwistern und zu anderen Bezugspersonen in der näheren Umgebung des Kindes wird die symbiotische Verschmelzung langsam von einer wachsenden Ich-Zentrierung abgelöst. Das Kind spürt seine Gefühle im Rahmen seines Rivalisierens deutlicher, akzentuierter und konkreter und entwickelt eine differenziertere Wahrnehmung der eigenen Bedürfnisse.

Auf dem Boden dieser Kommunikation mit den Eltern, mit den Geschwistern und vor allem in der Gleichaltrigengruppe kann das Kind, wenn das Familiensystem von einer Grundhaltung der konstruktiven Rivalität geprägt ist, mit Hilfe der Familiengruppe als Ganzes, die als externes Hilfs-Ich fungiert, seine Ich-Grenze erweitern und sich ein sich stets erweiterndes Wissen von der Umwelt aneignen. In der Weise, wie die Familiengruppe die zunehmende Selbstständigkeit des Kindes konstruktiv unterstützt, verinnerlicht es das emotionale Interaktionsgeflecht der Familie zum eigenen Ich und die Gruppengrenze zur eigenen Ich-Grenze.

Die Ich-Bezogenheit des Rivalisierens unterstützt die Abgrenzung gegen andere Menschen, gegen fremde Erwartungen und gegen ungerechtfertigte Ansprüche. Sie fördert die Selbstwahrnehmung und steigert die Abwehrbereitschaft gegen feindliche Angriffe. Diese Stärkung der Abwehrfähigkeit wiederum verbessert die Ich-Abgrenzung und das Selbstwertgefühl und führt in der Folge zu einer allgemeinen Stärkung der Individualität.

Kommunikationsfunktion

Die konstruktive Rivalität verlangt nach offener Kommunikation, weil die soziale Energie, die durch ungelöste Konflikte gebunden wird, nur durch das direkte Gespräch gelöst werden kann. Vielfach ist dieses Gespräch nur in einer geschützten Atmosphäre und unter psychologischer Hilfestellung möglich. In Supervisions-, Therapie- oder Selbsterfahrungsgruppen verpflichten sich die Mitglieder zu bedingungsloser Verschwiegenheit. Diese erhöht das gegenseitige Vertrauen und öffnet den Dialog. Die Aussprache über das eigene Rivalisieren nimmt dann einer angespannten zwischenmenschlichen Beziehung sofort die destruktive Dynamik.

Der Kader eines westdeutschen Großbetriebes wurde mit einem Schlag aus seiner gewohnten Eintracht gerissen, als festgestellt wurde, dass seit mehr als einem Jahr ein wichtiges und sehr teures Messinstrument fehlte. Da nur vier der Kadermitglieder über einen Schlüssel zum betreffenden Geräteschrank verfügten, war der Täterkreis auf diese Personen beschränkt. Im Rahmen einer individuellen Befragung durch den Generaldirektor des Betriebes verneinten die Verdächtigen vehement, mit der Sache etwas zu tun zu haben. Aus diesen Gründen wuchs das allseitige Misstrauen ins Unermessliche. Anfänglich wurden alle Betroffenen gleichermaßen verdächtigt, bis sich die allgemeine Aufmerksamkeit auf den stellvertretenden Direktor fokussierte. Dieser machte sich dadurch verdächtig, dass er mehrmals im Geräteraum beobachtet wurde und weil er selber gestand, seit seiner Jugend hobbymäßig an elektronischen Apparaten zu bauen. Alle Untersuchungen bzw. Diskussionen fruchteten aber wenig. Ein Täter ließ sich vorerst nicht mit Sicherheit eruieren, und die gruppendynamische Situation schien völlig verfahren.

In der Folge wurde ein Psychologe hinzugezogen, der mit dem ganzen Kader Gruppen- und Einzelgespräche führte. Es stellte sich bald heraus, dass im Kader vieles nicht stimmte und dass im Rahmen dieses Teams nie über wichtige Fragen diskutiert wurde. Der Kader war seit langem in sich zerstritten und in kleinere Untergruppen zerfallen – drei Gruppen rivalisierten um die Gunst der Chefs. Und der stellvertretende Direktor wurde in der Absicht, eines Tages seinen Chef zu ersetzen, von den anderen Kadermitgliedern insgeheim sabotiert. Die etwas voreilige Verdächtigung des stellvertretenden Direktors musste schließlich in diesen Zusammenhang gestellt und bald zurückgenommen werden. Weitere Gruppengespräche, in denen viele neue Probleme offenbar wurden, brachten es schließlich an den Tag, dass ein anderes Kadermitglied der Täter war, mit Absicht eine falsche Spur gelegt hatte, um den stellvertretenden Direktor, den Rivalen um den zukünftigen Vorgesetztenposten, fälschlich in Verdacht zu bringen.

Das Beispiel zeigt, dass erst das offene Gespräch zum erwünschten Erfolg führte. Erst durch die dynamische Kraft der sich integrierenden Gruppe, durch die Aufrichtigkeit der Teilnehmer und durch die glaubhafte Überzeugung, dass man sie nicht im Stich lassen würde, wurde es dem Täter möglich, zu seinem unlauteren Motiv zu stehen und sich offen zu seiner Rivalität zu bekennen. Mit diesem Bekenntnis verwandelte sich die destruktive Rivalität in konstruktive Rivalität. Das Beispiel zeigt aber auch, dass konstruktive Rivalität ein offenes Gespräch voraussetzt und dass umgekehrt ein offenes Gespräch fast zwingend zu konstruktiven Formen der Kommunikation führt.

Die Geschichte berührt aber noch eine andere Dimension. Warum richtete sich der Zorn, die Destruktivität des Täters gerade gegen den stellvertretenden Direktor? Hat dieses Agieren wirklich mit der Rivalität um den Chefposten zu tun? Könnte es nicht noch eine andere Ursache geben, die weniger durchschaubar und den Beteiligten weniger bewusst war? Wäre es zum Beispiel möglich gewesen, dass der Täter nicht den Stellvertreter persönlich, sondern eine Person bestrafen wollte, der aus dem eigenen Lebenskreis stammt? In diesem Fall war es tatsächlich so, dass der Täter zu seinem eigenen Vater eine sehr gespannte und schwierige Beziehung pflegte – und der stellvertretende Direktor erinnerte ihn wegen seines autoritären Gehabes unbewusst an diesen.

Solidarisierungsfunktion

Die Rivalität in einem Team oder in einer Gruppe kann die Einheit dieses Teams sprengen, wenn sich die Menschen nicht gleichzeitig um eine der destruktiven Rivalität entgegenwirkende Solidarität bemühen. Die Rivalität mobilisiert somit gegensätzliche, also widersprüchliche Kräfte, die sich gegenseitig ausbalancieren beziehungsweise aufheben. Wenn die zentrifugalen Kräfte größer sind als die zusammenführenden Tendenzen, kommt es zur Auflösung der Gruppe. Aus diesen Gründen muss der Wille zur Solidarität immer größer sein als der Eigennutz der Gruppenmitglieder.

Stabilisierungsfunktion

Die Rivalität zwischen Gegnern, zum Beispiel zwischen den Großmächten der Erde, zwingt die Konkurrenten zur Erhaltung eines Gleichgewichts der Kräfte. Dies gilt besonders dann, wenn ein offener Konflikt ein gefährliches Ausmaß anzunehmen droht. Um die Gefahr zu bannen, streben die Parteien in der Regel ein machtpolitisches Patt an, um im Falle eines Konflikts nicht einseitig in Nachteil zu geraten. Dieses Patt garantiert im mindesten zeitweise prekäre Sicherheit und Stabilität.

Als gutes Beispiel gilt der «Kalte Krieg» zwischen den USA und der Sowjetunion. Das internationale System der Nachkriegszeit war sowohl durch seine «Bipolarität» als auch durch die «nukleare Abschreckung» gekennzeichnet. Die globale Rivalität zwischen den nuklearen Großmächten wirkte sich insofern gewalthemmend aus, als sich jeder Konflikt zwischen ihnen zu einem Atomkrieg auszuweiten drohte. Aus diesen Gründen waren Washington und Moskau angehalten, ihre Rivalität einzugrenzen und disziplinierend auf ihre Verbündeten einzuwirken (Lübkemeier, 1994). Mit dem Verschwinden des einen politikbestimmenden Strukturmerkmals, der Bipolarität, war die internationale Stabilität wieder in Frage gestellt, und es musste mit einer Zunahme der offenen Gewaltanwendung gerechnet werden. Die kriegerischen Auseinandersetzungen auf dem Balkan, im Nahen Osten, in Asien und in Afrika bestätigen diese These.

Die Strategie der Herstellung eines Gleichgewichts der Kräfte ist auch anderswo zu beobachten. Sowohl in politischen Strukturen, in gesellschaftlichen Gruppen als auch in wirtschaftlichen Systemen, überall suchen sich die Wettbewerbsteilnehmer mittels besonderer Anstrengungen oder mittels Bündnissen beziehungsweise Fusionen in ihrer Ausgangsstellung zu verstärken. Das Ziel ist regelmäßig dasselbe: Es geht darum, im Wettbewerb die Oberhand zu gewinnen, um dem Gegner die Regeln des Geschäftsgebarens aufzuzwingen und um die Macht abzusichern. Diese Machenschaften provozieren so lange Gegenmaßnahmen, bis sich das Gleichgewicht der Kräfte mehr oder weniger stabil eingependelt hat.

Auslesefunktion

Die Rivalität stellt in Verbindung mit den Anstrengungen, der Beste zu sein, eine positive Auslesefunktion dar. Ohne Zweifel, und das ist das Ergebnis unserer bisherigen Überlegungen, steigert die Rivalität, sofern sie in einem konstruktiven Zusammenhang steht, sowohl die Aufmerksamkeit, die Motivation zum Lernen, den Lerneffekt, das Wissen, die Bewusstheit, die Ich-Stärke, die Abgrenzungsfähigkeit als auch das Selbstwertgefühl. Dabei zeigt sich in der Rivalitätsbeziehung mehr oder weniger deutlich, wer sich für eine bestimmte Aufgabe besser eignet, wer der qualifiziertere Mitarbeiter ist und wer von seiner inneren Motivation her passender für eine bestimmte Position ist.

Personen, die berufsmäßig mit der Selektion, der gezielten Förderung von Menschen, beschäftigt sind, zum Beispiel Personalchefs, Berufsberater sowie Personalberater, achten stets darauf, wie sich ihre Klienten im Rahmen ihrer Mitarbeitergruppen verhalten. Sie suchen unaufhörlich nach der verborgenen Botschaft von Verhaltensauffälligkeiten. Unter Umständen erkennen sie in einem übermäßigen Rivalisieren den unbewussten Wunsch eines Mitarbeiters, endlich in seinen wirklichen Fähigkeiten entdeckt zu werden, mehr Förderung zu erfahren und mehr Verantwortung übertragen zu bekommen. Menschen, die in einer beruflichen Stellung stehen, in der sie unterfordert und nicht gemäß ihrer Eignung eingesetzt sind, leiden sehr. Sie fühlen sich unverstanden, reagieren verzweifelt auf die Tatsache, dass man sie in ihren Talenten nicht erkennt, und weisen mehr oder weniger provozierend darauf hin, dass sie eigentlich zu Höherem berufen wären.

Identifikationsfunktion

Es gibt Wettbewerbe, vor allem regionale, nationale oder internationale Sportveranstaltungen, die in erster Linie die Funktion haben, das Identitätsgefühl einer bestimmten Region oder eines Landes zu verstärken. Die Bewohner identifizieren sich dann mit ihren Sportlern beziehungsweise mit ihrer Sportveranstaltung und erleben mit ihnen fantastische Siege und schmerzliche Niederlagen. Dieses emotionale Miterleben führt zu einer starken inneren Auseinandersetzung und zu einer Stärkung des kollektiven Identitätsgefühls.

Mit der Darstellung der konstruktiven Rivalität wurde bis jetzt nur die glänzende Vorderseite des schillernden Begriffs der «Rivalität» beschrieben. Jetzt steht uns der Blick auf die geheimnisvolle Rückseite bevor. So geheimnisvoll ist diese aber gar nicht. Im Gegenteil, die Menschen scheinen in erster Linie nur diese Rückseite zu kennen. Warum ist das so, dass dem destruktiven Aspekt der Rivalität mehr Aufmerksamkeit entgegengebracht wird als der konstruktiven Seite?

Im Geiste der Zerstörung

Von der «konstruktiven» Rivalität lässt sich eine «destruktive» Rivalität unterscheiden, die die zerstörerische Seite der Rivalität charakterisiert. Es ist diese destruktive Seite, die den schlechten Ruf der Rivalität begründet, weil normalerweise Rivalität mit destruktiven Rivalität gleichgesetzt wird.

Die destruktive Rivalität führt in der Regel

- zur Unterbrechung des gemeinsamen Gesprächs,
- zum Abbruch des direkten Kontakts und
- zur Verschlechterung der zwischenmenschlichen Beziehung.

Funktionen der destruktiven Rivalität

Die destruktive Rivalität erfüllt in erster Linie zwei Funktionen: Entweder will man sich selber einen Wettbewerbsvorteil verschaffen oder seinen Gegnern einen Wettbewerbsnachteil aufbürden. Im ersten Fall, bei der Erringung von Wettbewerbsvorteilen, könnte es zum Beispiel um die Zementierung oder Ausweitung der eigenen Macht, um die Anhäufung von Reichtum, um die Sicherung des Sieges oder um die Steigerung des Selbstwertes gehen. Im zweiten Fall, beim Auferlegen von Wettbewerbsnachteilen, geht es entsprechend darum, die Macht, die Mittel, die Motivation, das Selbstvertrauen oder die Entschlossenheit des Gegners zu schwächen.

Methoden der destruktiven Rivalität

Die destruktive Rivalität bedient sich vieler Methoden. Es wird entweder offene körperliche beziehungsweise psychische Gewalt angewendet oder mit verdeckten, subtilen Mitteln gearbeitet. In der offenen Auseinandersetzung werden zum Beispiel Anschuldigungen ausgesprochen, falsche Behauptungen aufgestellt, Lügen verbreitet, verletzende Aussagen geäußert, es wird lächerlich gemacht, verdreht, manipuliert, kritisiert und abgewertet. Die verdeckten Methoden sind zwar weniger grobschlächtig, aber nicht weniger wirkungsvoll. Es sind zum Beispiel Gerüchte, die in Umlauf gesetzt, schadenfrohe Bemerkungen, die hinter dem Rücken geäußert, bösartige Verleumdungen, die gemacht werden, und bewusster Schaden, der zugeführt wird. Diese Aussagen sollen mit zwei bemerkenswerten Beispielen untermauert werden:

Der Arzt M. H. aus A. wurde von den vier Schwestern seiner Frau bezichtigt, seine Töchter sexuell missbraucht zu haben. * *Das Gerücht basierte auf einer einfachen Kinderzeichnung, die angeblich als naive Darstellung einer sexuellen Missbrauchshandlung interpretiert werden konnte. Die Schwägerinnen erstatteten Anzeige, worauf der Arzt ohne Vorwarnung für mehrere Wochen in Untersuchungshaft genommen wurde. Während dieser Zeit war ihm jeglicher Kontakt sowohl zu seiner Frau als auch zu seinen Kindern verboten. Zudem wurden die Mädchen durch eine Gynäkologin auf Missbrauchsspuren untersucht. Diese gab tatsächlich zu Protokoll, verdächtige Zeichen gefunden zu haben, worauf die Mädchen unverzüglich in ein Kinderheim überführt wurden. Gleichzeitig sperrte die zuständige Bank mit sofortiger Wirkung die Kredite, worauf die Löhne der Praxisangestellten und die laufenden Rechnungen nicht mehr bezahlt werden konnten. Erst einige Wochen später wurde die Unschuld des Vaters zweifelsfrei bewiesen.*

Ein zweites Beispiel betraf den Pfarrer und Theologieprofessor M. B. aus I. im Berner Jura. Ein Gerücht verdächtigte ihn der exhibitionistischen Handlungen in einem fahrenden Zug. Diese An-

---

* Dargestellt in der Sendung «Quer» des Schweizer Fernsehens SF 1 am 12.1.01.

schuldigung wurde in seinem Wohnort von Mund zu Mund er-
zählt und verbreitete sich innerhalb weniger Tage in der ganzen
Talschaft. Anfänglich versuchte der Professor, der sich mehrmals
als Armeegegner und Flüchtlingshelfer politisch links exponiert
hatte, die Verdächtigungen zu ignorieren. Bald war er aber psy-
chisch nicht mehr in der Lage, seine Arbeit als Hochschuldozent
weiterzuführen. Er konnte sich der negativen Stimmung nicht
mehr erwehren, las sich in der Folge in die Theorie der Gerüchte-
bildung ein und versuchte, das Gerücht bis zu seiner Entstehung
zurückzuverfolgen. Am Ende fand er den Ausgangspunkt der
Entwicklung und hielt in seiner Wohngemeinde vor dreihundert
Personen einen öffentlichen Vortrag zum Thema «Die Entstehung
eines Gerüchts». Ab diesem Augenblick war das destruktive Phä-
nomen besiegt.

Interessanterweise wurden die Opfer, die nicht in das gängige
Klischee des sie umgebenden Umfeldes passten, beide sexueller
Verfehlungen beschuldigt. Das ist wohl kein Zufall. Zur Bildung
eines Gerüchts gehören in der Regel folgende Faktoren:

- erstens eine unterschwellige Rivalitätskonstellation,
- zweitens eine besondere, bedeutungsvolle Spannungssituation
  zwischen bestimmten moralischen Werten, zum Beispiel zwischen der Sexualmoral und religiösen Einstellungen beziehungsweise zwischen provozierendem politischen Engagement
  und reaktionärem Konservatismus,
- drittens Medien oder Menschen, die die Kampagne auslösen
  oder verbreiten und
- viertens meistens ein zufälliges, unklar interpretierbares, ein-
  maliges Ereignis.

Der erste Punkt, die unterschwellige Rivalität, liegt beim ersten
Beispiel vor, weil die Schwägerinnen des Arztes jeden Versuch
unterließen, mit dem Schwager oder mit der eigenen Schwester
vor der Einreichung der folgenschweren Anzeige zu sprechen. So
verhält man sich kaum gegenüber der eigenen Schwester, wenn
das Vertrauen vorhanden und die Beziehung konstruktiv ist.
Vielleicht waren neben der Geschwisterrivalität auch Neid und
Eifersucht mit im Spiel.

Beim zweiten Beispiel ist die Rivalität noch offensichtlicher. Ein Pfarrer und Professor für Theologie genießt in einer abgeschlossenen Talschaft eine herausragende soziale Stellung. Diese Position provoziert neben Neid auch Rivalität. Zudem wagte es der Professor, sich in einer ländlichen Gegend politisch links zu exponieren. Im Rahmen dieser Konstellation geriet er schnell in die Rolle eines leidvollen Opfers einer unkoordinierten Neid-, Eifersuchts- und Rivalitätskampagne.

In den geschilderten Beispielen war auch der zweite Faktor deutlich gegeben: Die entsprechenden Muster des weit herum bekannten Dorfarztes, der seine Kinder missbrauche, und des angesehenen Theologieprofessors, der sich exhibitioniere beziehungsweise linkspolitisch engagiere, boten sich geradezu an, Objekte einer Rufmordkampagne zu werden.

Der dritte Punkt betrifft die äußerst zwiespältige Rolle der Massenmedien. Sowohl der Fall des Dorfarztes von A. als auch derjenige des Theologieprofessors wurden in der Tagespresse sensationell aufgebauscht und angeheizt. Wahrscheinlich ging es diesen Organen mehr um die Erhöhung der täglichen Auflage als um die wahrheitsgetreue Wiedergabe der besonderen Sachverhalte. Insbesondere beim Dorfarzt von A. wäre die Gerüchtebildung ohne die Aktivität der Medien undenkbar gewesen. Es war die Boulevardpresse, die die unbewiesenen Vermutungen massiv zum Skandal emporstilisierte und mit dicken Schlagzeilen über Wochen «am Kochen» hielt. Eine aufgehetzte Öffentlichkeit schien die beispiellos aufgemachten Geschehnisse bereitwillig anzunehmen und sich zu empören, bis sich die Wellen legten und der Fall aus den Schlagzeilen kam.

Den vierten Punkt betreffend, scheinen bei der Gerüchtebildung oftmals beispiellose, mehrfach interpretierbare Zufälle mitzuspielen. So war es im ersten Fall eine Kinderzeichnung und im zweiten eine einmalige und fragwürdige Beobachtung in einem Zug, die die Lawine ins Rollen brachte.

Da sich die initiierende Ausbreitung eines Gerüchts vielfach im Unwissen der Opfer vollzieht, besteht für die Betroffenen kaum eine Möglichkeit, sich adäquat zu wehren. Zudem ist die destruktive Rivalität der Verursacher meistens unbewusst motiviert. Aus diesen Gründen sind Verleumder weniger geneigt, sich der Situation entsprechend über die tatsächlichen Umstände oder über die realen Hintergründe der eigenen Motivation zu informieren. Jedes Wissen über den wahren Sachverhalt oder über die eigenen unbewussten Beweggründe könnte ja zur Korrektur der Rivalitätsdynamik zwingen und ein Schuldeingeständnis nach sich ziehen. Deshalb wird die persönliche Begegnung zwischen den Verursachern und den Opfern vielfach gemieden. Nur so kann der Verleumder an seinen fatalen Vorurteilen festhalten und mit seinem Agieren ohne ernsthafte Skrupel fortfahren.

Die destruktive Rivalität hat oftmals Gegenreaktionen zur Folge, die meistens ebenso destruktiv sind wie die Ursprungshandlungen. Die Opfer verlangen Hilfestellung, fordern Wiedergutmachung oder üben Rache. Nicht selten sehen sie aber nur den einen Ausweg, sich in den Nervenzusammenbruch oder in eine Depression zu flüchten. Und oft ist es destruktive Rivalität, die psychisch Kranke oder sonst sensible Menschen in den Freitod treibt.

Hin und wieder enden solche Tragödien auch in menschlichen Katastrophen, wie zum Beispiel bei Günther T., der im Jahre 1986 in einem verheerenden Amoklauf ohnegleichen vier seiner Mitarbeiter erschoss. Seien es nun Selbstmord, Rufmord oder Mord, immer bleiben seelische Not, verlassene Angehörige und zerstörtes Leben zurück.

Welche Menschen rivalisieren destruktiv?

An dieser Stelle scheint es ratsam, sich einmal über die Persönlichkeit der Menschen, die destruktiv rivalisieren, Gedanken zu machen. Eigentlich gehört auch das destruktive Rivalisieren zum normalen Verhaltensrepertoire. Auch psychisch gesunde Menschen sind gelegentlich unkooperativ, unsolidarisch und destruktiv. Deren Reaktionen stehen aber in einem gesunden Verhältnis zu ihrem Gesamtverhalten. Bei Menschen, die extrem rivalisieren beziehungsweise extrem destruktiv agieren, liegt meistens eine unbewusste, psychisch bedingte Charakterstörung vor. Diese Störung kann mit Einschränkung dem Diagnosebegriff «Narzissmus» untergeordnet werden und gehört zum Sammelbegriff der sogenannten archaischen Ich-Krankheiten (Ammon, 1979). In der Regel (vgl. auch Haubl, 2001) pflegen diese Personen

- auch allen anderen Menschen zu unterstellen, dass sie destruktiv rivalisieren. Wenn ihre Vermutungen nicht gleich bestätigt werden, versuchen sie die destruktiven Reaktionen mit mehr oder weniger unfeinen Mitteln zu provozieren.
- Sie sind misstrauisch und erwarten, dass andere Menschen gezeigte Schwächen skrupellos ausnutzen. Aus diesen Gründen vermeiden sie es konsequent, eigene Schwächen zuzugeben.
- Sie glauben, dass auch andere Menschen dazu bereit sind, unlautere Mittel anzuwenden. Aus dieser Vermutung leiten sie das eigene Recht ab, dasselbe zu tun.
- Sie sind innerlich angespannt und aggressiv.
- Sie vermeiden persönliche Kontakte. Meistens sind sie Einzelgänger oder leben in symbiotisch verzahnten Abhängigkeitsbeziehungen.
- Ihre Wahrnehmung ist stets von Angst begleitet. So erleben sie auch ihre Umwelt als angstbesetzt und bedrohlich.
- Sie haben wenig Selbstsicherheit und wenig Selbstwertgefühl. Ihre Stimmungen hängen von den anwesenden Menschen sowie vom Beifall ab.
- Die ganze Aufmerksamkeit ist auf den Erfolg ausgerichtet. Sie sind selten kreativ.

Aus dieser Ich-Schwäche heraus lässt sich eine stete Ruhelosigkeit ableiten. Die Menschen sind nie zufrieden und immer bestrebt, Anerkennung zu erringen und Bestätigung zu erhalten. Aus diesen Gründen gibt es für sie, insbesondere im Rahmen einer Rivalitätsbeziehung, nur ein wirkliches Ziel: in jedem Falle, auch auf Kosten von Mitmenschen, zu gewinnen!

Destruktive Rivalität in der Wirtschaft

Der wirtschaftliche Wettbewerb bietet viele Möglichkeiten für konstruktives Rivalisieren. Er hat aber auch zahlreiche destruktive Abarten der Rivalität hervorgebracht, die den freien Wettbewerb zu Gunsten einzelner Anbieter einseitig verfälschen. Zu diesen Machenschaften gehören zum Beispiel missbräuchliche Kartellabsprachen, so genannte Abgebote, Schmiergeldzahlungen, gefälschte Statistiken, Lockpreise, Lockvögel, Submissionsreglemente, unfaire Zollbestimmungen und, in manchen Fällen, Subventionen.

Im Wirtschaftsleben gibt es viele Ebenen und Formen des Rivalisierens. Die Rivalität kann wie in den meisten Institutionen zwischen einzelnen Menschen, zwischen Paaren, Teams, Gruppen, Parteien, Städten, Agglomerationen und Ländern sowohl auf der Ebene der einfachen Arbeiter, des mittleren Kaders als auch auf der höchsten Etage auftreten. Und überall finden sich sowohl konstruktive wie auch destruktive Arten des Rivalisierens. So gibt es neben den oben stehenden ökonomischen Werkzeugen sowohl betriebstechnische, leitungstechnische als auch organisatorische Maßnahmen, die zum Beispiel zum Ziel haben, die Kommunikation zwischen Mitarbeitern zu unterbinden.

Nicht selten wird versucht, den Betriebsangehörigen eine Schweigepflicht über interne Vorgänge, über die Höhe der Löhne und Gehälter und über entsprechende Zuwendungen beziehungsweise Provisionen aufzuerlegen. Und durch starre hierarchische Organisationsformen kann die Durchlässigkeit der Informationswege, die Flexibilität der Arbeitsprozesse und die Menge beängstigender Veränderungen folgenreich eingeschränkt werden.

Destruktive Rivalität in der Politik

Macht verleitet dazu, sie zu missbrauchen, auch mit gesetzeswidrigen Mitteln. Das kommt nicht nur in «Schurkenstaaten» vor, sondern überall, wo Menschen Verantwortung tragen und sich dieser Verantwortung charakterlich nicht gewachsen zeigen.

Macht lässt sich einsetzen, um Wahlen zu fälschen und Rivalen zu benachteiligen. Die Wahlprozeduren sind, obwohl sie ein hohes Maß an Objektivität gewährleisten, ebenso anfällig gegen Missbräuche wie alle gesellschaftlichen Vorgänge, die von politischen Faktoren abhängen. Nicht selten werden Wahlen manipuliert, beeinflusst und gefälscht. Solche Manipulationen sind in vielen Variationen denkbar, zum Beispiel durch die Abänderung der Wahlkreise, durch die Veränderung der Werbemodalitäten, durch den Erlass entsprechender Ausführungsbestimmungen oder durch groteske Wahlprozeduren. Letztlich können auch die Durchführung der Wahl selber, die Auszählung der Stimmen oder die Umsetzung der Stimmen in einen Entscheidungsmechanismus zu Ungunsten des politischen Gegners verändert werden.

Die ganz gewöhnliche destruktive Rivalität

Die destruktive Rivalität ist den meisten Menschen sowohl vertraut als auch gänzlich fremd. Vertraut deswegen, weil sie uns in einem ganz gewöhnlichen Gespräch in einer ganz normalen Tischrunde begegnen kann, und fremd, weil sie in der Regel im verhüllenden Gewand der Normalität nicht als destruktive Rivalität erkannt wird:

Im Rahmen einer Geburtstagsfeier saßen acht Personen in einer Tischrunde bei feinem Essen und Trinken gemütlich zusammen. Peter, der als Freund von Gisela zum ersten Mal mit dabei war, fühlte sich sichtlich unwohl. Er verfolgte zwar aufmerksam das laufende Gespräch, beteiligte sich aber nicht an der Diskussion. Es war ihm nicht möglich, sich rechtzeitig in ein bestimmtes Thema einzuklinken, weil ihm entweder die Worte fehlten oder weil er sonst nichts zu sagen wusste. Zudem wurde er mehrfach unterbrochen. Schließlich lief das aktuelle Gespräch über seinen Kopf hinweg, als ob er nicht dort wäre. Er fühlte sich mehr und mehr deplatziert, erklärte sich aber seine außergewöhnliche Passivität mit seinem persönlichen Unvermögen. Zunehmend wurde er von Selbstzweifeln und Schuldgefühlen gepeinigt.

Das Beispiel beschreibt eine Situation, die alle Menschen kennen. Jeder Mensch fühlt sich ab und zu in einer Tischrunde fremd. Und jeder Mensch kennt diese Selbstzweifel und Minderwertigkeitsgefühle, die sich einstellen, wenn man sich in einer Gruppe deplatziert fühlt. Wie kann man sich dieses Phänomen erklären?

Das harmlos anmutende Geburtstagsfest wirft interessante Fragen auf:

- Warum reagieren die anderen Tischrundenteilnehmer ablehnend beziehungsweise destruktiv?
- Wie kann das ablehnende oder destruktive Verhalten korrigiert, gar gestoppt werden?
- Wer ist eigentlich für das sonderbare Geschehen anlässlich des Geburtstagsfestes verantwortlich?

Die Zeichen und Mittel, die dieses Rivalisieren begleiten, sind sehr subtil und in ihrer Wirkung nur schwer zu erkennen. Peter wurde nicht direkt angesprochen, nicht mit Blicken bedacht und nicht unterstützt. Die Isolation ist auch körperlich zu spüren. Alle Anwesenden sind abgewendet, auf andere konzentriert. Wenn Peter trotzdem redet, wird er unterbrochen, oder seine Anliegen werden unverzüglich unter den Tisch gekehrt. Es gelingt ihm nie, die versammelte Aufmerksamkeit auf sich zu konzentrieren und über längere Zeit in Anspruch zu nehmen. Seine Worte kommen einfach nicht an.

In der Regel ist ein solches Verhalten nicht durch die Laune eines Einzelnen, sondern durch die gruppendynamische Konstellation als Ganze bestimmt. Meistens ist es eine versteckte Rivalität, die einem die Sprache verschlägt, die einem die Fantasie raubt oder die Lebendigkeit nimmt. Vielleicht wehren sich die Gruppenteilnehmer gegen die Integration des neuen Gastes, vielleicht weckt Peter Eifersucht und Neid, vielleicht ist es Rivalität um Macht und Ansehen, das die Spannung bewirkte? Vielleicht gab es auch Nebenbuhler, andere Anwesende, die an Gisela Interesse zeigten?

Und vielleicht gibt es sogar noch andere Gründe, die subtiler determiniert und schwerer zu durchschauen sind? Vielleicht waren es nicht nur die rivalisierenden Männer, die dem lästigen Gast ein Bein stellten, sondern die rivalisierenden Frauen, die gegen Gisela agierten? Vielleicht ließen diese nicht eigentlich den «Ankömmling» Peter, sondern dessen Freundin Gisela auflaufen, in der unfreundlichen Absicht, ihr den Erfolg zu vermiesen? Oder allgemeiner gesagt: Warum sollten andere glücklicher, erfolgreicher, hübscher oder begehrenswerter sein als du und ich? Warum gerade Gisela, warum gerade Peter und warum gerade irgendeiner? Geht es nicht allen besser, ist es nicht allen wohler, wenn es sämtlichen Anwesenden der Tischrunde gleich gut beziehungsweise gleich schlecht geht, wenn keiner herausragt, aus der ganz gewöhnlichen und etwas miefigen Normalität?

Die Reaktion der Tischgesellschaft kann deshalb als verdeckte, gegen Peter oder Gisela gerichtete, destruktive Rivalität aufgefasst werden. Wie hätten die Teilnehmer aber reagieren sollen?

Man hätte reden müssen, zum Beispiel über das Rivalisieren, über den Ärger, die Wut! Man hätte gestehen müssen, dass man interessiert ist, dass man neidisch und eifersüchtig reagiert. Man hätte die Karten auf den Tisch legen, die Gefühle und Hoffnungen aussprechen und von den Ängsten berichten müssen. Aber wahrscheinlich ist das zu viel verlangt. Niemand ist verpflichtet, seine Gefühle zu offenbaren, schon gar nicht in einer Tischrunde, wenn Freunde, Fremde und Gäste anwesend sind. Niemand ist aufgefordert, das Gespräch zu führen, Fragen zu stellen und Antworten zu geben. Und von niemandem kann erwartet werden, die gruppendynamische Leitung zu übernehmen!

Eigentlich wäre es die Aufgabe des Gastgebers oder der Partnerin gewesen, das Interesse der Teilnehmer auf Peter zu lenken, ihn einzuführen und vorzustellen. Der formelle oder informelle Leiter der Gruppe beziehungsweise Gisela müssten bemüht sein, Peter zu integrieren und entsprechende Integrationshilfe zu leisten. Es gab aber weder einen Leiter noch einen Gastgeber. Und Gisela hat nicht reagiert! Warum? Ist Gisela etwa ängstlich, unsicher, oder war sie nur abwartend, um die Wirkung zu testen, zu prüfen, ob ihre «Errungenschaft» ankommt, ob sie gefällt und sich durchzusetzen weiß? Die Tischgesellschaft war formell nicht strukturiert. Niemand war sowohl für die Tischordnung als auch für die Tischgespräche zuständig.

Vielleicht sind alle verantwortlich, alle rivalisierenden, neidischen und eifersüchtigen Tischrundenteilnehmer. Oder etwa Peter selber?

Selbstverständlich! Er allein ist verantwortlich dafür, dass er sich wohl fühlt, dass er sich einbringt und seinen Platz erobert. Es lag an ihm, auf seine unangenehme Lage aufmerksam zu machen, seine Gefühle anzusprechen und die Aufmerksamkeit auf sich zu ziehen. Mit einer solchen Intervention wäre die destruktive Gruppendynamik transparent beziehungsweise verändert worden. Jedermann muss lernen, sich auch in fremder Gesellschaft durchzusetzen, zu behaupten und auseinander zu setzen.

Das hat er aber nicht getan. Was bedeutet diese Feststellung? Hat Peter vielleicht auch rivalisiert? Auf welche Weise könnte er mitbeteiligt sein, Mitbeteiligter gewesen sein? Könnte es sein, dass Peter auf eine ganz spezielle Weise mitrivalisierte, obwohl er passiv, schweigend und teilnahmslos schien? Hat er vielleicht in einer Weise rivalisiert, die uns noch unbekannt ist?

Die Suche nach dem dritten Gesicht

Ausgehend von der obenstehenden Problemstellung, erheben sich weitere Fragen: Gibt es vielleicht weitere Arten des Rivalisierens, andere Perspektiven der Rivalität, die weniger auffällig sind und die sich von der konstruktiven beziehungsweise destruktiven Form grundsätzlich unterscheiden?

Bei der Auswertung einer Untersuchung zum Begriff Rivalität zeigten sich nicht wie erwartet nur konstruktive oder destruktive Komponenten. Es ließ sich überraschenderweise noch ein weiterer Faktor finden. Es musste also eine dritte Form der Rivalität geben, die bisher nicht bekannt und die – wie bei Peter in der Tischrunde – nicht im konkreten Verhalten beobachtbar war. Anhand der inhaltlichen Bedeutung der entsprechenden Testfragen ließ sich diese als eine etwas «verschwommene, nicht verstandesmäßig wahrnehmbare Rivalitätsspannung» interpretieren. Dieses dritte Gesicht der Rivalität, das schließlich als «defizitäre Rivalität» definiert wurde, ist nicht direkt als Rivalität zu spüren.

Die konstruktive und destruktive Rivalität zeigen sich unübersehbar direkt im Verhalten. Die Menschen tun etwas, fühlen etwas und reagieren entsprechend. Zum Beispiel schlagen sich die konstruktive beziehungsweise destruktive Rivalität in einer konkreten Handlung, in einer spontanen Bemerkung, in einem hörbaren Gespräch oder in einem geschriebenen Brief nieder. Vielleicht werden auch Investitionen getätigt, die eigenen Fähigkeiten intensiviert oder Fortbildungskurse besucht.

Im Gegensatz dazu wird die defizitäre Rivalität im Verhalten nicht unmittelbar sichtbar. Man sieht, hört und spürt wenig, und das, was man beobachtet, hat scheinbar nichts mit Rivalität zu tun. Der Mensch ist sich des Rivalitätscharakters seiner Reaktionen gar nicht bewusst. Die defizitäre Rivalität tut auch niemandem weh, mit Ausnahme des Rivalisierenden selber. Möglicherweise hat er nur eine undeutliche, körperliche Wahrnehmung eines allgemeinen nervösen Erregungszustandes oder einer gesamtkörperlichen, muskulären Angespanntheit. Möglicherweise deutet er dieses Gefühl nicht als Folge seines Rivalisierens, sondern eher als Wirkung einer prekären Wetterlage, eines schicksalhaften Datums oder seines körperlichen Gesundheitszustandes.

Solche Reaktionen sind in einer Therapiegruppe gut zu beobachten. Wenn zum Beispiel ein Gruppenmitglied von seinen besonderen Leistungen erzählt oder sich einem anderen intensiv
zuwendet, spürt oder beobachtet man bei den anderen Teilnehmern zahlreiche undeutliche beziehungsweise unspezifische Kör-
perreaktionen. Der eine rutscht unruhig auf seinem Stuhl hin und
her, der zweite schlägt plötzlich sein Bein über, der dritte zeigt
eine überraschende Müdigkeit, eine andere Person zuckt nervös
mit den Mundwinkeln, und eine dritte errötet im Gesicht. Diese
unterschiedlichen Reaktionen sind die Folge einer unbewussten
und unterschwelligen Rivalitätsreaktion. Die Deutungen sind
aber nicht mit Bestimmtheit richtig, weil es ja gerade das Wesen
der defizitären Rivalität ist, dass sie sich nicht klar beobachtbar im
Verhalten offenbart.

Funktionen der defizitären Rivalität

Der defizitäre Modus der Rivalität beruht im Allgemeinen auf
einer generalisierten Vermeidungshaltung. Im Rahmen der defizitären Rivalität können zum Beispiel folgende Vermeidungs-
funktionen unterschieden werden:

- Konfliktvermeidung: Es gilt, die konkreten Rivalitätskonflikte
  schon in ihrer Entstehung zu unterdrücken oder aber an ihrer
  weiteren Entfaltung zu hindern. In diesem Sinne dient die
  Konfliktvermeidung dem Spannungsabbau innerhalb der zwischenmenschlichen Kommunikation. Wenn die Vermeidung der
  Konflikte nicht gelingt, kann der Widerstand auch auf der Ent-
  scheidungsebene organisiert werden.
- Entscheidungsvermeidung: Durch das Unterlassen von konkreten Entscheidungen können in der Folge deren unliebsame
  Konsequenzen, zum Beispiel Absagen, Niederlagen, Enttäu-
  schungen und Demütigungen, zumindest für eine begrenzte Zeit
  hinausgeschoben oder ganz vermieden werden. Diese können
  aber nicht ewig umgangen werden. Möglicherweise werden die
  anfallenden Entscheidungen von anderen Menschen getroffen.
  In einem solchen Fall müssen die aus den enttäuschenden, demütigenden oder unangenehmen Entscheidungen resultieren-
  den Gefühle direkt abgewehrt werden.

- Vermeidung der Gefühlswahrnehmung: Durch das Vermeiden der Wahrnehmung von unangenehmen Gefühle wie Rivalität, Angst, Trauer oder Schmerz kann die Psyche wenigstens oberflächlich vor einer momentanen Reizüberflutung geschützt werden.

Welche Menschen rivalisieren defizitär?

Menschen, die zum defizitären Rivalisieren neigen, zeigen in der Regel auch bei anderen Gefühlen eine gehemmte Ausdrucksweise. Möglicherweise sind sie auch im beruflichen oder privaten Verhalten zurückhaltend und unbestimmt. Verallgemeinernd lassen sich diese Menschen wie folgt charakterisieren:

- Sie zeigen nach außen zwar etwas exaltierte beziehungsweise auffällige Verhaltensweisen, sind aber im Hinblick auf die Äußerung tiefer Gefühle eher zurückhaltend bzw. verschlossen.
- Sie neigen dazu, Konflikte zu verdrängen und offene Auseinandersetzungen zu vermeiden.
- Sie reagieren auf psychische Belastungen in erster Linie mit körperlichen Symptomen und konsultieren wegen der psychosomatischen Beschwerden eher Ärzte und Heiler als Psychologen oder Psychotherapeuten.
- Sie sind nur schwer für eine psychotherapeutische Behandlung zu motivieren und scheuen tiefenpsychologische Erörterungen ihrer Schwierigkeiten wie der «Teufel das Weihwasser».
- Sowohl ihre Wahrnehmung als auch ihre Denkweise ist überwiegend konkretistisch geprägt: Liebe bedeutet Sexualität, Treue ist sexuelle Treue, Besitz ist materieller Besitz, Verlust ist materieller Verlust, und Gefühl ist körperliche Wahrnehmung.
- Ihr Weltbild ist sinnlich gefärbt und materiell ausgerichtet.

Psychologisch gelten diese Menschen als so genannte «Vermeider». Sie gehen nicht nur im Spiel, sondern auch im Privatleben den Schwierigkeiten aus dem Weg. Bei Auseinandersetzungen mit den Partnern ergreifen sie vorzugsweise die Flucht. Und unangenehme Eindrücke werden rasch verdrängt.

Hypothesen zur Entstehung defizitärer Rivalität

Es stellt sich hier eine wichtige Frage: Realisieren die Menschen überhaupt, dass sie in dieser oder jener Situation mit den Mitmenschen rivalisieren? Möglicherweise fehlt ihnen für diese Vorgänge die innere Wahrnehmung, das innere Ohr beziehungsweise das dritte Auge. Wenn man nie gelernt hat, Rivalität wahrzunehmen, auszuleben und darüber offen zu kommunizieren, so kann man sich schon vorstellen, dass die sprachlichen oder nonverbalen Kommunikationsmittel fehlen, diesen Gefühlen einen adäquaten Ausdruck zu geben. Möglicherweise ist es tatsächlich so, dass viele Menschen nicht bewusst reflektieren, warum sie gerade in diesem Augenblick so läppisch antworten, so schnippisch reagieren oder so arrogant die kalte Schulter zeigen.

Dieses Wahrnehmungsdefizit kann die Folge eines familiär bedingten Wahrnehmungs- beziehungsweise Kommunikationsverbots sein. In solchen Familien wird weder über Gefühle allgemein noch über Rivalität im Speziellen kommuniziert. Das Rivalisieren findet zwar immer statt, wie überall auf der Welt, das Thema Rivalität wird aber abgewehrt und verdrängt. Diese Situation erinnert an das Bild der «Affen», die mit den Händen Augen, Ohren und Mund bedecken: nichts sehen, nichts hören und nichts reden!

In der Folge fällt dieses Thema, wie vielleicht auch andere Gefühle, aus dem Wahrnehmungsbereich der familiären Kommunikation heraus. Die Familienmitglieder, vor allem die Kinder, können dann nicht lernen, sowohl ihr eigenes als auch fremdes Rivalisieren in seinen spezifischen Strukturen und Ausdrucksweisen zu erkennen, in seinen komplexen Zusammenhängen wahrzunehmen und darüber in der ganzen Breite seiner Äußerungsformen mit anderen Menschen zu kommunizieren.

Schwierige Trennungen

Als besonderes Beispiel soll an die Fallgeschichte im Kapitel «die gefühlsmäßige Seite der Rivalität» erinnert werden. Frau K., die allein lebte, während ihr Ehemann mit einer Lebensgefährtin ein anderes Haus bewohnte, spürte keine Rivalität gegenüber der

Freundin ihres Mannes. Im Gegenteil, sie spürte überhaupt keine Gefühle. Dafür lief sie mit ihren körperlichen Leiden von einem Arzt zum nächsten, ohne dass sie sich bewusst geworden wäre, dass ihre körperlichen Schmerzen etwas mit ihrer abgewehrten beziehungsweise verdrängten Rivalität gegenüber ihrer Nebenbuhlerin zu tun haben könnten.

Das nachfolgende Gedicht gibt ebenfalls ein gutes Beispiel für die Verhaltensmuster, für die Lebensinterpretation der defizitären Rivalität. Es bezieht sich auf das Ausscheiden eines älter werdenden Menschen aus dem gewohnten Arbeitsprozess:

> Lerne, statt zu reden, schweigen,
> Fällt es Dir auch noch so schwer.
> Ehe Dir die anderen zeigen:
> Deinen Rat braucht keiner mehr!
>
> Lerne auf die Seite treten,
> Eh' man Dich zur Seite schiebt,
> Gehe, eh' man ungebeten
> Lächelnd Dir den Abschied gibt.
>
> Lerne, ohne Groll zu sehen
> Andere an Deiner Stell'.
> Ihre Zeit wird auch vergehen,
> Wieder andere folgen schnell.
>
> Lern' die größte Kunst auf Erden,
> Schafft es Dir auch schwere Pein.
> Lerne mit dem Älterwerden
> Langsam wieder – nichts zu sein.
>
> (Verfasser unbekannt)

Das Gedicht könnte einerseits einen normalen Trennungsprozess charakterisieren, in dessen Rahmen das endgültige Akzeptieren des Unvermeidlichen vollzogen wird. Es bringt aber auch eine deutlich resignierte Grundhaltung zum Ausdruck und umschreibt über den normalen Verarbeitungsprozess hinaus die typischen Merkmale defizitärer Rivalität:

- Es fordert erstens zum allgemeinen Schweigen auf. Eine Trennung kann aber nur verarbeitet werden, wenn man über Gefühle redet.
- Es zeigt deutlich den Charakter des Vermeidens. Der abtretende Mensch soll weder seine Rivalitätsgefühle wahrnehmen noch sich mit diesen aktiv auseinander setzen.
- Im Gegenteil, er wird offen aufgefordert, seinen Groll, seine Rivalität zu unterdrücken und seine scheinbare Bedeutungslosigkeit zu akzeptieren.

Ein Mensch, der aus dem Arbeitsprozess ausscheidet, muss sich aber intensiv um die Neudefinition seiner Identität bemühen. Der Verlust der Identität könnte zu einer schweren Lebenskrise führen. Deshalb ist es wichtig, dass er sein angeschlagenes Selbstwertgefühl im Rahmen freundschaftlicher Hilfestellung zurückgewinnt und seine Identität im Hinblick auf die wechselnde Lebensperiode neu bestimmt.

In Eis erstarrt

Bis jetzt wurden drei wichtige Formen der Rivalität beschrieben. Es gibt aber noch eine vierte, die sich dem Bewusstsein noch stärker entzieht als die defizitäre Form (Galtung, 1975).

Ein junger und ehrgeiziger Mann arbeitete vor Beginn seines Studiums als temporärer Praktikant in einem heimischen Elektronikbetrieb. Sein Lohn sollte ihm ein Sicherheitspolster fürs Studium bringen.

Er hatte die Aufgabe, in Zusammenarbeit mit drei Frauen und vier Männern elektrische Bimetall-Sicherungselemente sowohl auf ihre Abschalttemperatur zu eichen als auch auf ihre Zuverlässigkeit zu überprüfen. Dabei wurden gleichzeitig vierundsechzig Sicherungselemente bei konstanter Stromstärke aufgeheizt und mit einem kleinen Schraubenzieher von Hand auf die fest definierte Ausschaltspannung eingestellt. Die Arbeit war zwar technisch anspruchslos, verlangte aber bei der Durchführung der Arbeitsgänge besondere Sensibilität und Sorgfalt. Deshalb waren es vor allem die Frauen, die sich engagiert einsetzten und beste Ergebnisse lieferten.

Anlässlich der zahlreichen Gespräche, die während der vierzigminütigen Aufheizzeit stattfanden, vernahm man Wichtiges, zum Beispiel die Tatsache, dass die Frauen nur etwa 60 Prozent des definierten Männerlohns verdienten. Der Praktikant, dem solche Vorgänge neu waren, zeigte sich sehr erstaunt, und die rothaarige Engländerin, die etwas hilflos daneben stand, zuckte ratlos mit den Schultern: «Das ist eben so, da kann man nichts machen.»

Aber warum sollte der unerfahrene Praktikant mehr verdienen als die Frauen, die zudem noch besser ausgebildet waren und zuverlässiger arbeiteten als die Männer? Ist es wirklich vertretbar, dass die Männer bei gleicher Arbeit mehr verdienen? Ist deren Arbeit wirklich wertvoller als die Arbeit der Frauen? Mit Sicherheit nicht. Im Gegenteil, die Frauen arbeiteten, zumindest an diesem Arbeitsplatz, sorgfältiger, geduldiger und exakter. Steckt vielleicht hinter dieser Ungerechtigkeit ein hässlicher Machtkampf zwischen den Geschlechtern?

Dieses Beispiel zeigt Folgendes:

- Die Frauen verdienen noch vielerorts bei gleicher Arbeit und bei gleicher Qualifikation weniger als die Männer.
- Die Lohnunterschiede lassen sich nicht plausibel rechtfertigen. Die Gründe, die in der Regel angeführt werden, überzeugen wenig und sind ein Relikt aus vergangener Zeit.
- Aus diesen Gründen muss die Ursache dieser Anachronie in der Politik, in den Einstellungen der Menschen oder in der destruktiven Rivalität der Männer gesucht werden.
- Erstaunlicherweise regen sich weder die betroffenen Frauen noch die Männer über diese Ungerechtigkeit angemessen auf.
- Die Überlegungen können in dem Sinne zusammengefasst werden, dass die destruktive Rivalität, die sich hinter dem Lohngefälle verbirgt, von den Männern mehrheitlich akzeptiert, von den Frauen widerwillig geduldet und von der Gesellschaft als Ganzer verdrängt wird.

Diese vierte Form der Rivalität tritt wie die defizitäre Rivalität nicht offen als Verhalten in Erscheinung. Sie richtet sich auch nicht gegen die eigene Person. Ein gewaltiges Rivalitätspotenzial ist in den Einstellungen der Menschen (zum Beispiel gegenüber Minderheiten), in den Umgangsformen, in den Denkgewohnheiten, in den Arbeitsverträgen (zum Beispiel gegenüber arbeitenden Frauen) oder in den Gesetzen enthalten. Diese Rivalität kann man als «strukturelle Rivalität» bezeichnen, weil sie in den Strukturen der Gesetze, des Verhaltens beziehungsweise des Denkens verborgen ist, ohne dass sie direkt als rivalisierende Handlung oder als konkretes Gefühl in Erscheinung tritt. Diese vierte Form der Rivalität befindet sich quasi in einem kristallisierten Aggregatszustand, in unterkühlter bzw. gefrorener Gestalt und ist den Menschen wegen ihrer Verborgenheit nicht bewusst. Sie wird erst als solche erkennbar, wenn man die diesen Strukturen zugrunde liegenden Einstellungen, Vorurteile bzw. Denkgewohnheiten offen in Frage stellt, sie bewusst hervorhebt und im Hinblick auf die relevanten Zusammenhänge neu bewertet.

In Gesetzen, Verordnungen, Einstellungen und Gewohnheiten gibt es viele Gegensatzpaare, die Rivalität provozieren, zum Beispiel die Gegensätze zwischen

Männern und Frauen: Das Grundgesetz garantiert sowohl den Männern als auch den Frauen gleiche Rechte. Trotzdem nehmen die Männer Privilegien und Vorteile in Anspruch, die ihnen nicht zustehen. Wer ändert wie und wann diese Ungerechtigkeit?

Land- und Stadtbevölkerung: Die Menschen in der Stadt genießen unzählige Annehmlichkeiten, auf die die Landbevölkerung verzichten muss. Im Gegensatz dazu leben die Menschen auf dem Land von Lärm und Smog verschont. Der Strukturwandel in der Landwirtschaft führt aber zunehmend zu massiven wirtschaftlichen Einbußen der Bauernschaft, die insbesondere die Kleinbauern zu tragen haben.

Arbeiternehmer und Arbeitgeber: Die Arbeitgeber sind auf die Arbeitnehmer angewiesen, weil diese ihre Arbeit machen, und die Arbeitnehmer sind auf den Mut und die Risikobereitschaft der

Arbeitgeber angewiesen, damit die Arbeitsplätze erhalten bleiben. Welcher Gesichtspunkt ist wichtiger?

Arm und reich: Ist es gerecht, dass es sowohl arme als auch reiche Menschen gibt, obwohl wir allesamt im selben Boot, auf unserer einzigartigen Erde, sitzen?

Jung und alt: Wie weit können die Jungen die Verantwortung über unsere Gesellschaft, die von den Alten gestaltet wurde, übernehmen?

Gesund und krank: In welchem Ausmaß können die Gesunden zur Zahlung der Krankheiten der Kranken verpflichtet werden?

Konservativ und reformfreudig: Die Konservativen legen ihr Schwergewicht auf die Erhaltung des Guten und die Reformer ihres auf die Veränderung des Schlechten. Welcher Standpunkt ist angemessen und richtig?

Selbstverständlich gibt es noch viele andere Gegensätze, die zu nennen wären, zum Beispiel zwischen traditionell und modern, groß und klein, mächtig und machtlos, zwischen komplex und einfach strukturiert, katholisch und protestantisch, zwischen Kirche und Staat usw.

Bei allen diesen Gegensatzpaaren verbinden sich im Rahmen der geschichtlichen Ereignisse eine lange Reihe ausgestandener oder fälliger Machtkämpfe, die sich auch im täglichen Verhalten, in schriftlichen Formulierungen und gesetzlichen Texten niederschlagen.

Deshalb bemühten sich die einstigen Machthaber in Afghanistan, die Taliban, um eine Stabilisierung des Systems, indem sie mit größtem Fanatismus alle Tendenzen bekämpften, die das Individuelle betonten und den Zusammenhalt gefährdeten. So wurde nicht nur alles Weibliche, sondern auch die beiden jahrhundertealten, 55 beziehungsweise 38 Meter hohen, in den kompakten Fels gehauenen Buddhaskulpturen in Bamiyan, im Herzen des Hindukusch, als unmittelbare Gefährdung der islamischen Identität begriffen. Das ist ein weiteres barbarisches Beispiel destruktiver Rivalität zwischen den Religionen.

Meistens sind sich die Verursacher der Schuld nicht bewusst. Sie stützen ihre Rechtsvorstellungen auf jahrtausendealte Rechtstraditionen. Diese leiten sich zum Teil von sehr alten Schriften, aus der Bibel, aus dem Koran oder von anderen so genannten heiligen Texten, ab und stehen in Kongruenz zu den emotionalen Einstellungen, Gewohnheiten und tief verwurzelten Traditionen der betreffenden Kulturen.

Man erinnere sich auch an den tausendjährigen Kampf zwischen Papst und Kaiser, an die nie abgeschlossene Auseinandersetzung zwischen den Konservativen und den Reformern, zwischen den Christdemokraten und den Sozialdemokraten und neuerdings zwischen den Wirtschaftsinstitutionen und Globalisierungsgegnern. Und wie viele Jahre musste um das Stimmrecht der Frauen und um das Recht, dass sie studieren dürfen, gerungen werden?

Und man denke an die Kartellgesetze, die ein offeneres, faireres Konkurrieren unter den wirtschaftlichen Wettbewerbsteilnehmern garantieren sollten, und man erinnere sich an die gewissenlose, männlich orientierte Gerichtspraxis bei Sexualverbrechen, als ob man noch immer nicht begreifen wollte, dass die Vergewaltigung einer Frau kein Kavaliersdelikt, sondern eine tiefe, meist unheilbare Verletzung der weiblichen Seele bedeutet.

Rivalität als Arbeits- und Lebensprinzip

Mit Rivalität als Arbeits- und Lebensprinzip ist hier das Rivalisieren in Institutionen, in Arbeits- sowie Lebensbereichen gemeint, in denen die Rivalität nicht eine mehr oder weniger störende Nebenerscheinung, sondern die entscheidende Arbeits- und Lebensmaxime darstellt.

Es mag wohl sein, dass die Rivalität im menschlichen Verhalten und im Hinblick auf das Zusammenleben der Menschen eine noch wenig bekannte wichtige Rolle spielt. Aber ist es nicht so, dass ihr in der Wirtschaft, in der Politik und im Sport eine bedeutende Funktion zukommt? Ist denn ein sportlicher Wettkampf, ein Wahlkampf oder eine berufliche Karriere ohne Rivalität überhaupt denkbar? Vielleicht haben die prächtigen Wettkampfarenen, die kostspieligen Rennbahnen und luxuriösen Sportanlagen nicht nur eine sportliche, sondern auch eine nahezu geheimnisvolle Aufgabe zu erfüllen? Vielleicht spielt die (konstruktive) Rivalität in vielen Institutionen eine bedeutungsvolle Schlüsselrolle?

Das Rivalisieren löst, weil es mit konfliktreichen zwischenmenschlichen Verstrickungen verbunden ist, nicht selten Schuldgefühle aus. Ist es möglicherweise diese Schuld, die sich zu einer quälenden Kollektivschuld addiert, einem kollektiven Martyrium, das schwer auf den Seelen liegt und nach emotionaler Läuterung ruft: nach einer gesellschaftlichen Legitimation der Rivalität im Sport!

Der Sport als Anreiz und Massenphänomen

Nirgendwo lassen sich Rivalität, Neid und Ehrgeiz so klar erkennen wie im Sport. Hier zeigt sich Rivalität in reinster Form!

Beim Sport steht in der Regel die individuelle Leistung im Vordergrund. Mit dieser verbindet sich eine klare, ungeschminkte und abgegrenzte Rivalität. Ungeschminkt deswegen, weil sich niemand daran stößt, die Rivalität so offen zu zeigen. Im Gegenteil, sie gilt, zusammen mit dem «gesunden» Ehrgeiz, als notwendige Voraussetzung und Motor des Erfolges. Hinter der Leistungsmotivation steht das starke Bedürfnis, sich ehrlich zu messen und in gerechtem Wettkampf fair zu vergleichen.

Und wenn ein Gegner fehlt, dann kann eine Uhr oder ein raffinierter Computer den Gegner ersetzen. Dann dient nicht die Leistung eines Rivalen als individuelle Bezugsgröße, sondern die zeitliche Vorgabe, die der Computer errechnet, oder die fiktive Figur, die der Rechner konstruiert. Das bedeutet, dass Menschen, wenn Rivalen fehlen, technische Tricks erfinden, um sie zu erschaffen.

Die Menschen spüren, dass Rivalität motiviert, dass sie Neugier und Anreiz schafft, um Mehrleistung und mehr Anstrengung zu bewirken. Und dieser Ansporn steigert das Vergnügen. Das Spiel wird zum Sport, und der Sport wird zum Spiel. Nicht ohne Grund erfreut sich ein spannendes Fußballspiel, ein dramatisches Tennismatch oder ein kämpferisches Eishockeyspiel größter gesellschaftlicher Beliebtheit.

Im Sport zählen in erster Linie die Leistung, die Kraft, die Behändigkeit, die Übung und das Talent des einzelnen Menschen. Es gibt aber auch Mannschaften, den Mannschaftssport, Sportclubs, Vereine, große Organisationen, Fußballvereine: In einer Mannschaft zählt nicht nur das Einzelergebnis, sondern die Summe der Einzelleistungen. Es ist das Zusammenwirken, das den Ausschlag gibt, das Zusammenspiel der Bewegungen und die Symphonie der Kräfte. Und schließlich, auf nationaler Ebene, spielen noch weitere Faktoren eine wichtige Rolle, zum Beispiel das emotionale Engagement der Trainer, der Aufwand der Investoren, die Professionalität der Funktionäre:

Im Jahre 1987 war die Schweizerische Ski-Nationalmannschaft auf dem Höhepunkt ihrer Erfolge angelangt. Bei den Ski-Weltmeisterschaften in Crans-Montana gewannen sowohl die Frauen als auch die Männer in allen Disziplinen das Gros der Medaillen. Die Asse Maria Walliser, Erika Hess, Vreni Schneider, Pirmin Zurbriggen, Peter Müller und Franz Heinzer schrieben Skigeschichte.

Doch anschließend kam die Ernüchterung. Auf allen Skipisten der Welt fuhren die Schweizer den Deutschen, Italienern, Amerikanern, Franzosen und vor allem den Österreichern in den letzten Jahren hinterher. Die Schweizer Rennfahrer konnten kaum mehr gewinnen, und die allgemeine Ratlosigkeit war groß. Was war geschehen?

Der unglaubliche Erfolg in Crans hatte alle blind gemacht.

Aus diesen Gründen wurde ein Ausbildungskonzept entwickelt, das sich an das erfolgreiche Modell der österreichischen Skifahrer anlehnte und das dem Rennnachwuchs eine Doppelausbildung ermöglichte. Die zukünftigen Spitzensportler konnten dadurch jeden Vormittag die Schule besuchen oder eine Lehre absolvieren und am Nachmittag unter professioneller Anleitung Ski fahren.

Wie ist das Versagen der Skifunktionäre zu verstehen? Das Phänomen «Rivalität» scheint sich erst dann zu einem dringenden Problem zu mausern, wenn sich die Widersprüche zu einer Krise ausweiten.

Das Beispiel zeigt uns aber noch Weiteres: Es geht bei all dem nicht nur um sportliche Belange, sondern auch um Macht, Einfluss und Geld. Der Bau von Skigymnasien, Skimittelschulen, Skilehranstalten und Skischulen für die Kader der Nationalmannschaft konnte zwar schnell gefordert, aber nur langsam umgesetzt werden. Zudem sind sie teuer und aufwändig. Die Investitionen bringen neue Lasten, zum Beispiel Nachfolgekosten und Kosten für die Organisation, und es stellt sich mit Recht die Frage, ob der Aufwand die Ergebnisse lohne. Welche Ergebnisse sind zu erwarten? Um welche Ziele soll es denn gehen?

Das Ergebnis besteht in erster Linie im Erringen von nationalem Prestige, im Herbeizwingen des etwas flatterhaften Erfolges, den österreichischen Erzrivalen zu bezwingen. Und das soll den Aufwand rechtfertigen? Ist es denn überhaupt mit gutem Gewissen zu vertreten, für solche Ziele Geld auszugeben? Kann das Nationalgefühl, das Ansehen oder der persönliche Ruhm Argument sein, um diese Opfer zu verantworten?

Sowohl die Clubmitglieder als auch die Zuschauer, die Fans oder Menschen ganzer Städte, Regionen oder Länder, identifizieren sich mit den Sportlern, freuen sich und leiden mit, bei Siegen und bei Niederlagen, sammeln Bilder, Hemden, Wappen und Standarten. Ihr Sieg ist auch unser Sieg, und ihre Niederlagen sind auch unsere Niederlagen. Es ist, als könnte man durch andere hindurch leben, stellvertretend, und das Prickeln und die Spannung der Rivalität genießen. Vielleicht bereitet Rivalisieren, wie es im Sport ausagiert werden kann, Lust. Vielleicht hat die Rivalität im Sport eine andere Qualität als die quälenden, zwischenmenschlichen Auseinandersetzungen am Arbeitsplatz, als die bitteren, aufreibenden Erfahrungen in gescheiterten Beziehungen, als die demütigenden Kämpfe um Ehre, Liebe und Macht. Vielleicht ist es wichtig und gesund, die Rivalität im Sport, in einer sozial sanktionierten und heiteren Form, auszuleben und auszukosten, in einer Form, die weniger verbindlich ist als der Arbeitsvertrag, weniger intim als die Partnerschaft und weniger steinig als der Weg nach oben.

Vielleicht gibt es deshalb Institutionen, in denen Rivalität in streng ritualisierter Form erlebt werden kann. Man denke an Fußballstadien, olympische Wettkampfarenen, Eishockeyhallen und, vor allem in Amerika, an die grandiosen Baseball- und Rugbysportinszenierungen, wo sich emotionale Schleusen öffnen, wo die Gefühle fließen, wo sich Menschen in orgastischen Massenbewegungen, einem Fest der Freude und der Superlative ungehemmt austoben und verausgaben können!

Das Glücksrad und der Teufelskreis

Man könnte meinen, dass das offene und ehrliche Rivalisieren nur im Sport toleriert werde, dass die Abartigkeit der Rivalität nur im sportlichen Wettkampf offenbar werde oder dass man sich diese Offenheit, diese damit verbundenen Gemeinheiten nur während der Freizeit leisten könne. Die Ernsthaftigkeit des Berufslebens verlange ein seriöseres Gebaren. Da habe dieses Spiel mit dem Feuer, der Leistungsvergleich unter Wettbewerbsbedingungen, wohl keine Chance. Weit gefehlt! Diese Zurückhaltung wird mehr und mehr aufgegeben. Viele Unternehmen machen Experimente oder führen den scheinbar gnadenlosen Wettbewerb ohne große Skrupel in ihr Betriebskonzept ein.

Lassen sich diese Veränderungen tatsächlich rechtfertigen? Wahrscheinlich nur, wenn sie Erfolge bringen, wenn es gelingt, die Vorteile des konstruktiven Rivalisierens Erfolg versprechend in das Betriebskonzept zu integrieren. Aber wie können die konstruktiven Funktionen der Rivalität im wirtschaftlichen Wettbewerb genutzt werden? Durch welche Machenschaften gelingt es, die Leistungsmotivation der Mitarbeiter im Rahmen des innerbetrieblichen Rivalisierens vorteilhaft anzustacheln?

Der Ritt auf der Welle des Glücks

Der Verkaufsbereich gliederte sich in einen verantwortlichen Verkaufsleiter und zehn ihm unterstellte Verkäufer. Für alle Mitglieder der Verkaufsabteilung wurde zu Beginn jedes Jahres eine Umsatzvorgabe festgelegt, zum Beispiel für den Chef 170 Millionen Franken und für jeden Verkäufer 15 Millionen. Dieses Jahresbudget musste von allen Beteiligten im Laufe des Jahres erreicht, gar übertroffen werden. Das Verfehlen der Vorgabe zog unliebsame Folgen nach sich. Erstens führte das Nichterreichen des Jahreszieles innerhalb des Betriebes zu einem erheblichen Prestigeverlust. Zweitens fand der Misserfolg seinen ungünstigen Niederschlag sowohl in der jährlichen Qualifikation als auch finanziell in der erheblichen Verringerung der Jahresprovision. Diese machte in der Regel mindestens 40 Prozent des Nettogehaltes aus. Zudem war die Weiterbeschäftigung als Verkäufer ernsthaft in Frage gestellt, indem die persönliche Eignung neu evaluiert und die Budgetvorgabe unter veränderten Ausgangsbedingungen neu festgesetzt wurden. Aus diesen Gründen enthielt ein schlechtes Ergebnis implizit die Aufforderung, sich mehr anzustrengen, mehr Kundentelefonate zu tätigen oder mehr darauf zu achten, dass Offerten ausgearbeitet und offene Projekte abgeschlossen werden. Wenn die Jahresvorgabe erreicht oder gar übertroffen wurde, schlug sich dieser Erfolg in entsprechenden Beförderungsgesprächen und finanziell in einem lukrativen Provisionsbonus nieder.

Die betriebsökonomische Idee dieses Konzepts ist leicht zu durchschauen: Die Rivalität zwischen den Verkäufern wird unverhohlen als Teil der integralen Betriebsstrategie genutzt. Zudem winkt sie mit Zuckerbrot und Peitsche!

Der Leistungsstand jedes Mitarbeiters wurde monatlich ermittelt und als grafische Darstellung allen Mitarbeitern zur Kenntnis gebracht. Jeder Verkäufer wurde regelmäßig sowohl über seinen eigenen Kontostand als auch über diejenigen seiner Arbeitskollegen informiert. Dabei erwartete die Geschäftsleitung, dass die

Mitarbeiter ihre Ergebnisse, die Gründe für die eventuellen Bud-
getabweichungen als auch das allgemeine persönliche Wohlbefin-
den laufend miteinander kommunizieren. Jeder Mitarbeiter war
jederzeit über jeden Arbeitskollegen genau informiert.

Die gegenseitige Information führt bei allen Mitarbeitern sowohl
zu einer Anstachelung der Leistungsmotivation – was der Motivierungsfunktion der konstruktiven Rivalität entspricht – als auch
zu einem übergreifenden Lerneffekt. Die Mitarbeiter sind gezwungen, voneinander zu lernen und ihr erworbenes Wissen weiterzugeben (Orientierungsfunktion).

Dieses Betriebskonzept wirkte sich in einem konkreten Fall wie
folgt aus:

Der Verkäufer Konrad M. war neunundzwanzig Jahre alt, verhei-
ratet und hatte zwei Kinder. Er trat im Frühjahr als Newcomer in
die Firma ein. Er war von tiefer Ehrfurcht erfüllt, als er seine
Arbeit aufnahm. Das hieß: Er gehörte nun zu den «Königen» des
Verkaufs!

Aber schon in den ersten Tagen fühlte sich Konrad M. unter
großem Druck und war anfänglich von erheblichen Selbstzweifeln
geplagt. Es ging um die Frage, ob er in diesen «heiligen Hallen»,
in diesem Glaspalast am Bodensee, bestehen könne. Ängstlich
erkundigte er sich bei seinen Kollegen über deren Erfolge. Doch
schon am zweiten Tag erhielt er die erste, niederschmetternde
Lektion, als ihm ein etwas dreister Verkäufer, in der Warteschlan-
ge der Kantine stehend, ganz cool ins Ohr flüsterte: «Ich habe
eben einen Abschluss über 70 Millionen geschafft!» In diesem
Augenblick stieg die Angst des Konrad M. ins Unermessliche,
und er musste sich selbstkritisch fragen: «Schaffe ich das auch ein-
mal?»

Am nächsten Tag wurde M. das Jahresbudget von zehn Millio-
nen präsentiert. Es gab wenig zu diskutieren, denn die Summe
errechnete sich konsequent aus dem Produkt, der Anzahl der
Kunden multipliziert mit dem mittleren Kundenumsatz plus
20 Prozent: «Haben Sie verstanden?» Der Leiter der Verkaufsab-
teilung gab sich aber zuversichtlich, alles sei nicht so schlimm, die
Höhe der Vorgabe ergebe sich aus der Anzahl guter Kunden, und
im Übrigen werde er helfen, dass M. seine Vorgabe erreiche. Er gab

augenzwinkernd zu erkennen, dass auch er ein Interesse am Erreichen des Gesamtbudgets habe.

Das Interessante an diesem Vorgehen ist der Umstand, dass es im persönlichen Interesse jedes Mitarbeiters liegt, ein möglichst gutes Ergebnis zu erreichen, dass er aber immer auch die Vorgabe der ganzen Abteilung im Auge haben muss. Wenn sich ein einzelner Mitarbeiter zu eigennützig nur auf seinen eigenen Erfolg konzentriert, läuft die gesamte Abteilung Gefahr, das Globalbudget des vorgesetzten Verkaufsleiters zu verfehlen.

In dieser Abteilung gehen die Verkäufer nicht mit fertigen Produkten «auf Kundenfang». Im Gegenteil, die Verkäufer sind wie «Wühlarbeiter», die mit der Nase im Kundenbetrieb «herumwühlen» und lukrative Projekte identifizieren. Schließlich geht es darum, den nur halb interessierten Kunden zu überzeugen, dass er, um seine Aufgaben im Betrieb erfolgreicher zu bewältigen, entweder dieses Produkt oder jene Erweiterung oder vielleicht die eine umfassende Erneuerung dringend benötige. Für jedes Problem wird dann eine Lösung gesucht und eine Offerte erstellt. Dabei werden die laufenden Verhandlungen vom Verkaufsleiter gemanagt und forciert: «Mach die Offerte endlich fertig, die liegt schon Tage herum!»

Die wichtigsten Kontakte zwischen den Verkäufern finden entweder formell in den wöchentlichen Projektmeetings oder informell während des Mittagessens in der Kantine statt. Hier wie dort werden die neuesten Nachrichten, Erfolgsmeldungen und Niederlagen ausgetauscht. Konrad M. erkundigte sich regelmäßig beim erfolgreichsten Verkäufer der letzten Jahre nach seiner persönlichen Strategie. Er wollte seine Fähigkeiten spüren, nach besonderen Stärken abtasten, von ihm lernen, seine Winkelzüge kennen, die Überredungskünste nachahmen, sein spezielles Vorgehen, das ihm die Erfolge brachte, in seiner Grundstruktur erfassen. Es geht um Tipps und Tricks und um den Aufbau eines eigenen Verhandlungsstils. An welchen Gesprächspartner muss man sich wann, wie und wo am besten wenden? Schließlich werden die größten Abschlüsse anlässlich der Projektmeetings fast wie ein Fest zelebriert. Diese Vorstellungen wirken motivierend. Der Verkäufer freut sich, wenn sein Umsatzbalken steigt und größer wird als der seiner Kollegen. Jeder Erfolg wird einzeln bekräftigt, an die Wand projiziert, ehrfurchtsvoll gewürdigt, mit exakter Analyse, wie dieser von wem, mit welchen Mitteln, mit wessen Hilfe und zu welchen Bedingungen zustande gekommen war.

Es gibt immer wieder Verkäufer wie später Konrad M., die nach oben kommen wollen. Es sind in der Regel diejenigen, die sich Hilfe holen und lernen wollen. Sie fragen stets: «Wie hast Du das gemacht?» Sie versuchen Varianten, erproben neue Möglichkeiten, und plötzlich stellen sich wie aus dem Nichts die ersten Erfolge ein. Dann werden die Glücklichen als erfolgreiche Verkäufer im Meeting hervorgehoben, einmal, zweimal und schließlich immer, erscheinen auf Listen, werden gefeiert und erlangen einen Motivationsschub ohnegleichen. Dieser wirkt auf das Selbstbewusstsein, auf das Selbstwertgefühl, auf den Verhandlungsstil und auf die Überzeugungskraft zurück und ermuntert zu noch größeren Anstrengungen. Zum ersten Erfolg reihen sich der zweite und der dritte. Plötzlich läuft alles wie von selbst, plötzlich sind sie als Experten gefragt und stehen im Rampenlicht. Zudem klingelt die Kasse. Die Provisionen steigen. Großzügige Geldzuwendungen, kostenlose Reisen mitsamt der Ehefrau in den Fernen Osten und schließlich materielle Gaben aus dem spezifischen Produktionsprogramm der Firma versüßen den Erfolg. Die Glücklichen, die auf der Sonnenseite stehen, werden in den Himmel gehoben und reiten auf einer «Welle des Glücks».

Die betriebstaktische Idee dieser Geschäftsprozedur besteht in der geschickten Kombination von an und für sich widersprüchlichen unbewussten Bestrebungen. Die eigenen egoistischen Motive, in der Abteilung der Beste zu sein und im Hinblick auf die eigene Karriere gute Voraussetzungen zu schaffen, stehen in Konkurrenz zu den uneigennützigen Bestrebungen, in Gemeinschaft mit den Arbeitskollegen ein gutes Ergebnis zu erzielen.

Die Mitarbeiter stehen in einer schillernden Beziehungsambivalenz zueinander: Da herrschen Rivalität, Solidarität, Neid, Eifersucht, konstruktive Rivalität, destruktive Rivalität in allen Varianten; und schließlich rivalisieren auch die Betriebe und Abteilungen miteinander beziehungsweise gegeneinander um die Kunden, um die Aufträge, um Beziehungen und um das Prestige. Das Betriebskonzept zwingt alle Mitarbeiter zu einem flexiblen wie auch differenzierenden Umgang mit der eigenen und fremden Rivalität. Es verlangt Sensibilität im Erspüren der Grenzen. Wo kann man mehr erreichen, wo weniger, wo muss man forscher auftreten, wo behutsamer, und wer ist der Freund, und wer ist der Feind? Alle Mitarbeiter müssen lernen, die konstruktiven oder destruktiven Anteile des Rivalisierens deutlich wahrzunehmen, kritisch zu hinterfragen und im Hinblick auf eine Optimierung der Gesamtarbeitsleistung der Abteilung einzusetzen. Dabei wird die Rivalität als unverzichtbarer Motor in das Erfolgsszenarium integriert, sie wird kultiviert, verfeinert, veredelt, als Ganzes zum Ritual erhoben – wie im Sport oder in der Politik.

Hat das oben stehende Beispiel überzeugt, motiviert, erstaunt oder gar entsetzt? Hat die Rivalität, wie sie dargestellt wurde, Gewicht? Zeigt diese Geschichte Konsequenzen auf? Setzt sie Ziele? Schafft sie Werte?

Mit Sicherheit bedeutet sie, dass man erkennt, dass Rivalisieren erst einmal Erfolg verheißen und Lust bereiten kann. Sie bedeutet zweitens, dass man versteht, dass Rivalität nicht bedeutet, dass man nicht mehr zusammenarbeiten und nicht mehr kooperieren kann. Die dritte Konsequenz, die sich ergibt, ist, dass man akzeptiert, dass die menschliche Rivalität als strategisches Konzept in die Arbeitsorganisation integriert werden kann.

Vom Kopf der Großen bis ins Herz der Kleinen

Das Thema Rivalität beinhaltet, um ans vorhergehende Kapitel anzuknüpfen, nicht nur die Rivalität zwischen Individuen, sondern auch das Rivalisieren zwischen Familien, Gruppen, Sippen, Glaubensgemeinschaften und politischen Systemen wie Städten oder Ländern. Der Unterschied zwischen der Rivalität in kleineren Gruppen und großen politischen Systemen ist nur graduell. Was hat aber die Rivalität zwischen Ländern, Nationalitäten sowie Gemeinschaften mit der Rivalität zwischen einzelnen Menschen zu tun? Gibt es einen Zusammenhang zwischen den Gefühlen der einzelnen Menschen und den Emotionen großer Gruppen, religiöser Gemeinschaften, der Städte oder gar Staaten? Gibt es Gesetzmäßigkeiten, die Beziehungen zwischen der Rivalität eines Individuums und der Rivalität zwischen Gruppen näher beschreiben? Und könnten diese Gesetzmäßigkeiten möglicherweise Antwort geben auf die Frage, warum es global zu politischen Krisen und Kriegen kommt? Welche Gefühle verstecken sich hinter Volksaufmärschen und Demonstrationen, die Friedens- beziehungsweise Kriegspropaganda begleiten?

Eine mörderische Rivalität in den Köpfen der Menschen

Es macht den Anschein, dass sich diese Rivalität vor allem in den Köpfen der Präsidenten oder auch Diktatoren abspiele. Tatsächlich sind es vor allem die Entscheidungsträger, die zu den relevanten Informationen Zugang haben und die das Geschick der Welt zu bestimmen scheinen. Wie weit ist aber das einzelne Individuum von den Entscheidungen der Mächtigen betroffen?

Im Frühjahr 2000 hielt ich mich im Rahmen einer humanitären Hilfsaktion als politischer Berater im Kosovo auf:

Mehrmals fuhr ich mit einem albanischen Fahrer durch Gebiete, die mehrheitlich von Albanern bewohnt waren. Ich nahm mit irgendwelchen Personen auf der Straße oder in Geschäften Kontakt auf, redete mit ihnen, stellte zum Teil sehr direkte Fragen, hakte nach und verwickelte die Menschen in weiter führende Diskussionen über die Lage im Kosovo.

Ich erhielt immer ehrliche Antworten, die ich zudem anhand der Rückfragen bei anderen Personen auf ihren Wahrheitsgehalt überprüfen konnte. Immer wurde mir ein überzeugendes Bild des Friedenswillens, der Friedfertigkeit und der politischen Toleranz vermittelt. In der Folge fühlte ich mich weder bedroht, noch hatte ich das Gefühl, dass eine mehr oder weniger feindliche Absicht zur Rache an den anderen ethnischen Gruppen bestehe.

Gleichzeitig, wenn wir durch serbische Dörfer fuhren oder in der Ferne Ansammlungen serbischer Menschen beobachteten, beschlich mich unwillkürlich ein unangenehmes Gefühl. Plötzlich verspürte ich Anspannung und Angst. Ich hatte Fantasien, dass hinter Häusern oder Hecken serbische Scharfschützen lauern und auf uns schießen könnten.

Diese Schilderung wird niemanden erstaunen, der die Verhältnisse im Kosovo kennt, interessant für mich war aber die Umkehrung. Denn ebenso oft fuhr ich mit serbischen Fahrern in serbische und von Albanern bewohnte Gebiete.

Auch dort hatte ich die gleichen Gefühle. Auch in diesen Gebieten fühlte ich mich in Begleitung serbischer Menschen sicher. Ich genoss den Kontakt mit den freundlichen Menschen, konnte die Sorgen und Nöte deutlich spüren, mich in diese einfühlen und sprach mit ihnen über deren Ängste sowie Zukunftsaussichten. Besonders augenfällig war mir dieses Phänomen in dem kleinen Bergdorf Odevice in der Nähe von Kamenica. Nach einer steilen Abfahrt in die tiefe Talsenke fuhren wir mit unserem UN-Jeep in einen kleinen bäuerlichen Weiler. Anhand des schwarzen Kopftuches und der Kleidung einer alten Frau war das Dorf schnell als serbisch bewohnt zu identifizieren, was meine serbische Übersetzerin zu einem tiefen und hörbaren Seufzer veranlasste.

Das Dorf war wie viele seiner Art in der Umgebung von Kamenica vollständig heil geblieben. Niemand war während des Krieges zu Schaden gekommen, niemand war verletzt worden oder hatte sein Leben verloren, und niemandem war Material oder Vieh abhanden gekommen. Trotzdem lauerte überall die Angst. Die Bauern wagten es nicht, auf die weiter abliegenden Felder zu gehen, diese zu bewirtschaften und abzuernten. Und auch ich begann an der Friedfertigkeit der Albaner zu zweifeln, begann mich zu fürchten und mich vorsichtig zu verhalten.

Warum war das so, dass sich die Menschen im Kosovo immer mehr aufspalteten, in isolierte Siedlungsgebiete zurückzogen, den Kontakt zu den anderssprachigen Volksgruppen mieden und von Angst und Sorgen überwältigt wurden? Warum standen sich die Menschen im Kosovo als politische Rivalen so feindselig gegenüber, wo sie doch seit Jahrhunderten friedvolle Nachbarn waren? Warum fühlte ich mich in der einen Volksgruppe wohl und sah in anderssprachigen Siedlungsgebieten überall Feinde und Gefahren? Und schließlich: Warum übertrugen sich diese Ängste und Erlebnismuster auch auf die Mitarbeiter der Hilfswerke, unwillkürlich, obwohl die Gefahren von der Wirklichkeit nicht bestätigt wurden? Warum erlebten wir an einem Ort die Serben als unberechenbar und gefährlich und am anderen Ort die Albaner? Wie kommt es zu dieser Rivalität in den Köpfen der Menschen, zu diesem Krieg in den Gefühlen, zu dieser eigenartigen Aufspaltung in Gut und Böse, die sich als austauschbar erweist, wenn man den Standpunkt wechselt?

Anscheinend sind es nicht die wirklichen Menschen, deren wirkliche Gefühle und wahre Absichten, die man in einer solchen Situation empfindet, sondern, in Abhängigkeit von der momentanen Umgebung, merkwürdig verzerrende Wahrnehmungsmuster, plakative Projektionen, die den betroffenen Menschen je nach Standpunkt und abhängig von den Bezugspersonen übergestülpt werden. Das geht von den subjektiv empfundenen Gefühlen bis zur Wahrnehmung der optischen Konturen und Farben, die diesen Prozess begleiten. Tatsächlich wirkten, vom Standpunkt der Albaner aus gesehen, die Serben in gespenstiger Weise fremd, feindselig, dunkel bis bizarr gekleidet, während die Albaner, von der serbischen Seite aus gesehen, von mir in aggressiver, aufrührerischer Pose wahrgenommen wurden.

Vielleicht ist der Vorgang der gefühlsmäßigen und optischen Wahrnehmung von der äußeren Umgebung abhängig. Vielleicht sieht und urteilt man in solchen Situationen nicht objektiv, sondern immerzu subjektiv und in Abhängigkeit von der momentanen «Umgebung».

Es stellt sich jetzt die entscheidende Frage, wie sich diese «sozialen Umgebungen» – die Rivalität zwischen den ethnischen Gruppen der Serben und Albaner –, die anscheinend so bestimmend auf den subjektiven Wahrnehmungsprozess einwirken, in ihrer Gefühls- beziehungsweise Denkmustern auch in den hintersten Regionen, in der letzten Talschaft abbilden.

Die Gefühle, die Absichten, die Philosophien, die Visionen, die Grundeinstellungen und die Ziele der herrschenden Gruppen übertragen sich anscheinend über so genannte Denkimpulse, die von den Medien kontrolliert, manipuliert und multipliziert werden, auf die nächsten sozialen Multiplikatoren, bis sie sich schließlich als Rivalität in den Gehirnen der einfachen Dorfbewohner festsetzen.

Diese Sätze beschreiben in einfachen Worten einen bedeutungsvollen Zusammenhang: Wo war der verhängnisvolle Anfang des

Prozesses, der schließlich zum Zerfall eines komplexen Staates führte und Hunderttausende das Leben kostete?

Es begann in erster Linie im Gehirn des jugoslawischen Präsidenten Slobodan Milosevic. Nachdem er die Macht errungen und zum jugoslawischen Präsidenten erkoren war, stand seine Überzeugung fest: Zwischen dem serbischen Volk und den restlichen jugoslawischen Völkern sollte es keine Gleichberechtigung geben. Serbien sollte den Vielvölkerstaat Jugoslawien dominieren, und die restlichen Nationalitäten, darunter die Albaner und Roma im Kosovo, sollten sich unterordnen. Diese destruktive Rivalität im Kopf des Präsidenten wurde zur Staatsmaxime und bedeutete Krieg. Und Entscheidungen, die einmal getroffen werden, haben die innewohnende Tendenz, sich allmählich zu verfestigen. Es waren schließlich Staatminister, die diese Überzeugung mittrugen, es waren die Popen, die es von den Kanzeln predigten, es waren Bürgermeister, die ebenso dachten, und es waren wesentliche Teile der Bevölkerung, die diese Politik unterstützten. Dabei wurden die Medien, die anfangs noch dagegensteuerten, nach und nach gleichgeschaltet. Es war endlich niemand mehr da, der den Prozess hätte aufhalten und die Katastrophe hätte verhindern können.

Was bedeuten diese Aussagen? Die Konsequenzen aus diesen Überlegungen sind von größter sozialpolitischer Wichtigkeit! Sie besagen nämlich, dass die Überzeugungen, Gefühle und Rivalitäten der übergeordneten Institutionen, der Regierungen und Präsidenten sowohl im Rahmen der medienpolitischen Manipulation als auch durch freie Kommunikationsvorgänge langsam in die Herzen der Menschen hinabsickern und deren Gefühle anhaltend verändern. Niemand kann sich abschotten. Der Geist des Einzelnen wird vom Denken der Vorgesetzten, vom Geist der übergeordneten Strukturen, von der Philosophie des Betriebes, vom Glauben der Kirchen oder von der Kultur eines Staates berührt. Es ist deshalb nicht gleichgültig, wie die Aktionäre, die Direktoren und die Geschäftsführer denken, wie die Ärzte, Chef- und Oberärzte handeln, wie die Priester, Lehrer und Pastoren predigen und wie die Regierungen, Präsidenten und Diktatoren fühlen. Denn die Rivalitäten zwischen zwei Betrieben, zwischen zwei Krankenhäusern, zwischen zwei Religionsgemeinschaften, zwischen zwei Schulen oder zwischen politischen Institutionen, sowohl die konstruktiven als auch die destruktiven, wechseln langsam die Ebenen, sinken langsam nach unten, bis sie die unterste Ebene, die Ebene der Arbeiter, Bauern und Bürger, erreichen und deren Gefühle und Verhalten nachhaltig beeinflussen.

Dieser Mechanismus kann nicht nur in Schulen, Betrieben oder eben im Kosovo beobachtet werden. Er hat seine Gültigkeit auch in der Familie, wo er uns näher und direkter berührt. Auch in der Familie wiederholen sich diese Mechanismen auf allen Ebenen. Auch dort wird die Rivalität, der Neid und die Eifersucht der Eltern zum Neid, zur Eifersucht und zur Rivalität der Kinder. Und auch in der Familie ist die Rivalität unter den Kindern umso größer, je stärker die Eltern ihre eigene Rivalität unterdrücken.

Wer kann solche Vorgänge aufhalten? Wer ist in der Lage, das Verhängnis zu stoppen? Und wer kann dazu beitragen, dem Unglück, dem Wirken einer destruktiv wirkenden politischen Rivalität vorzubeugen? Selbstverständlich können Medien, oppositionelle Gruppen, Philosophen, Denker, Moralisten, Prediger und andere kritische Stimmen ihren Einfluss geltend machen und Einstellungen konstruktiv ändern. Das setzt aber voraus, dass die Gedanken, Wahlen und die Presse frei sind, dass es eine funktionierende und eine dem Ganzen gegenüber sich verantwortlich fühlende Opposition gibt.

Das Beispiel illustriert in dieser Hinsicht in eindrücklicher Weise die Macht und Ohnmacht der Medien. Einerseits gibt es Presseerzeugnisse, die sich ihrer erhabenen Aufgabe, die Mitmenschen über alle wichtigen politischen und gesellschaftlichen Vorgänge wahrheitsgemäß, vorurteilslos und umfassend zu informieren, bewusst sind. Diese Massenmedien besetzen dabei im Rahmen der Gemeinschaft und im Dienste der konstruktiven Rivalität eine wichtige, sozialpolitische Schlüsselfunktion. Umgekehrt besteht aber andererseits die Möglichkeit, dass die Medien von den jeweiligen Machthabern in ihrer Freiheit beschnitten, inhaltlich kontrolliert und im Dienste der destruktiven Rivalität zu eigenen Zwecken missbraucht werden. Sie werden, wie im Falle Jugoslawiens, ihrer Selbstständigkeit beziehungsweise genuinen, kreativen Gestaltungskraft beraubt und dienen, ohne Seele und ohne eigene Identität, ihren skrupellosen Auftraggebern.

Diese Gesetzmäßigkeiten, die anhand der Vorgänge im Kosovo beispielhaft gezeigt wurden, gelten auch im Großen.

An den Hebeln der Macht

Unter der Flagge der so genannten Wirtschaftssysteme «Kapitalismus» beziehungsweise «Kommunismus» inszenierten vom Zweiten Weltkrieg bis zum Ende des letzten Jahrhunderts die politischen Blöcke «West» und «Ost» ein riskantes Ritual:

Der Westen versuchte unter Führung der USA, mit allen Mitteln die Ausbreitung des Kommunismus zu stoppen. Die Trennungslinie lief mitten durch mehrere Staaten. Deutschland war gespalten und mit Berlin ein gefährliches Beispiel geschaffen. Korea zerfiel in zwei Teile, und auch Vietnam sollte gemäß dieser Weltgruppendynamik lange Zeit getrennt bleiben.

Diese Rivalität, der Kalte Krieg zwischen den ideologischen Blöcken, kollidierte in Indochina mit der regionalen Rivalität zwischen dem «Imperialismus» und dem «Nationalismus», dem nationalen Bestreben, den verhassten «Kolonialismus» abzustreifen und ein unabhängiger, autonomer Staat zu werden.

Im Hinblick auf die militärische Stärke der politischen Rivalen NATO und Warschauer Pakt führte das Aufrüsten des einen Paktes regelmäßig zur Nachrüstung der anderen Seite. Kein Bündnissystem konnte es sich leisten, die Wachsamkeit zu vernachlässigen und in der Anstrengung zu erlahmen. Das Gleichgewicht des Schreckens führte zu einer Stabilität, die Schlimmeres verhüten half (vgl. die Stabilisierungsfunktion der konstruktiven Rivalität). Im Grunde genommen herrschte aber eine gefährliche Scheinstabilität, denn man konnte nie sicher sein, ob sich beide Parteien an die vereinbarten Regeln eines einigermaßen vernünftigen Handelns halten würden. In Wirklichkeit war der Weltfriede mehrmals stark gefährdet, zum Beispiel während des Berliner Mauerbaus und in noch stärkerem Ausmaß während der Kubakrise.

Der Wahlkampf als Rivalitätsritual

Zu sehr gehört die Rivalität zum Alltag, als dass man sich dessen bewusst wäre. Und zum Alltag gehören Wahlen. Wahlen sind Rivalitätsrituale, die den Sinn haben, die vermeintlich besten Mitbürger und Mitbürgerinnen mit Macht und Ansehen auszustatten, um an sie die wichtigsten gemeinschaftlichen Aufgaben delegieren zu können. Zu diesen Aufgaben gehören in erster Linie die Gesetzesgebung, die Wahrung der Gerichtsbarkeit und die Übernahme der Regierungs- beziehungsweise Verwaltungsaufgaben.

Wer sind die Besten im ganzen Land? Diese Frage gilt es möglichst kompetent und mit vertretbar minimalem Aufwand zu beantworten. Die Antwort fällt aber schwer, denn niemand weiß mit Sicherheit, anhand welcher Kriterien festgestellt werden soll, wer tatsächlich für eine bestimmte Aufgabe am besten geeignet ist. Aus diesen Gründen wird in der Regel ein Wahlkampf geführt, wenn möglich mit mehreren Bewerbern, in dem sich die Besten als die wirklich Besten herausschälen sollen. Die Rivalität zwischen den Kandidaten und Kandidatinnen wird bewusst dazu genutzt – zum Beispiel in Fernsehduellen, öffentlichen Reden und Wahlveranstaltungen –, um anhand der persönlichen Ausstrahlung die fachlichen und die charakterlichen Qualitäten der zu Wählenden deutlich hervortreten zu lassen.

Die Aufgabe bleibt trotzdem schwierig. Die politische Rivalität wird nicht selten durch andere Rivalitäten überlagert. Neben der konstruktiven Rivalität gewinnen auch destruktive Anteile Einfluss, und der Kampf um die Macht wird durch strukturell nicht veränderbare Faktoren beeinträchtigt. Man denke nur an den bayerischen Ministerpräsidenten Edmund Stoiber und die Parteivorsitzende Angela Merkel, die einstigen Rivalen um die Kanzlerkandidatur der CDU/CSU. Hier kämpften der Süden gegen den Norden, die Westzone gegen die Ostzone, die Parteipräsidentin gegen den Ministerpräsidenten, die Frau gegen den Mann, die Jungwähler gegen die Altwähler usw. Zudem stellen sich nicht immer die geeignetsten Kandidaten zur Wahl, weil diese in der Regel mit anderen Aufgaben betraut sind oder komplexe Wirtschaftsinteressen vertreten.

Es wird trotzdem angenommen, dass sich im Rahmen der Wahlkampfdynamik am ehesten herausstellen wird, ob ein Kandidat in ausreichendem Maße über Führungswillen, Entscheidungsfreude, Durchsetzungskraft, Konfliktfähigkeit, Flexibilität, Teamfähigkeit, Verantwortungsfähigkeit und charakterliche Integrität verfügt. Dabei wird zum Beispiel der amerikanische Wahlkampf geradezu zur Wahlschlacht stilisiert und von vielen Veranstaltungsteilnehmern wie ein Volksfest gefeiert. Der bis in die kleinsten Geschehnisse hinein nicht planbare Ablauf einer Großveranstaltung, die gewaltige Exponiertheit der Rivalen, die Komplexität der Kommunikationsvorgänge zwischen Zuschauern und Akteuren übersteigen die konkreten Möglichkeiten, die Ergebnisse und den Erfolg einer Wahlveranstaltung exakt zu planen beziehungsweise zu manipulieren. Es werden immer Situationen entstehen, die die Kandidaten an ihre Grenzen führen und in denen sich zum Beispiel charakterliche Mängel, Wissenslücken und Fehlhaltungen eher zeigen als im Rahmen klar strukturierter Vorstellungen. Schließlich muss aber das Gefühl entscheiden, denn die Menschen können sich in komplexen Entscheidungssituationen nur anhand ihrer Gefühle orientieren.

Die Macht der Vergangenheit

Der erste kleine Schritt auf dem Mond sei ein großer Schritt für die Menschheit, so hat es der erste Mann auf dem Mond, Neil Armstrong, ins Mikrofon gesprochen und eindrücklich inszeniert. Es gibt aber auch andere Schritte, innere Schritte, die bewältigt werden müssen und nicht weniger groß sind, um zum Beispiel die Phänomene des Verhaltens, die Wurzeln der Gefühle und speziell die Grundstrukturen des Rivalisierens zu begreifen. Diesen Schritt hat in erster Linie, aber weniger spektakulär, Sigmund Freud getan.

Warum gibt es gesunde und kranke Formen des Rivalisierens? Wie und wo wird das Erscheinungsbild der Rivalität geprägt? Wie entstehen die tiefenpsychologischen Grundstrukturen des menschlichen Rivalisierens? Und wie soll man sich die Entstehung einer speziellen Rivalitätsdynamik erklären?

Wo sollten diese Muster, Reaktionstendenzen und Übertragungen geprägt werden, wenn nicht in der Kindheit? Zwar ist die Prägung des menschlichen Verhaltens nicht auf die Kindheit beschränkt. Das Lernen findet immer statt, in der Kindheit, während der Jugend, im Laufe des Erwachsenenlebens wie auch im Alter. Aus diesen Gründen ist die Modifikation des Rivalisierens nie abgeschlossen. In welcher Entwicklungsphase ist aber die Sensibilität des Gehirns und damit die Lernfähigkeit des Menschen am größten?

Die entscheidenden Bausteine werden dann gefügt, wenn die ersten Strukturen gesetzt, wenn die ersten Schritte gewagt und die ersten Fehler gemacht werden: in der Kindheit!

Das Sozialverhalten eines Menschen – in diesem Sinne auch das Rivalisieren – wird durch sehr komplexe, multikausale, innerpsychische Mechanismen gesteuert. Es ist hauptsächlich abhängig von folgenden Faktoren:

- In erster Linie wird das Verhalten durch die im Augenblick einwirkenden Reize und Einflüsse aus der direkten Umgebung bestimmt.
- Der zweite Faktor besteht in früher gelernten psychischen Strukturen, anhand deren die soziale Umgebung wahrgenom-

men, beurteilt und verarbeitet wird. Zu diesen Strukturen gehören zum Beispiel die Wahrnehmungsmodalitäten, die Einstellungen, die Wertmuster, Haltungen, Verhaltenstendenzen, Verhaltensalgorithmen, Prozeduren, Problembestimmungs-, Problembearbeitungs- und Problemlösungswege, die verinnerlichte Familiengruppendynamik, die ursprüngliche familiäre Rollenverteilung, die sozialen Beziehungsmuster in der Familie, im Freundes- und Bekanntenkreis als auch in den Nachbarschafts-, Schul- und Berufsfeldern.

- Und als dritter Faktor mögen auch genetisch vererbte Triebregungen, Neigungen und Dispositionen zur Steuerung des Verhaltens beitragen. Es ist denkbar, dass grundlegende Verhaltensalgorithmen, die für das Überleben des Menschen wichtig sind (Rost u. Schulz, 1994), zum Beispiel der Kampf beziehungsweise die Rivalität um die Nahrung und um die Sexualpartner, wenigstens teilweise angeboren sind.

Der erste Faktor, der augenblickliche Strom der einfließenden Reize aus der direkten sozialen Umgebung, wurde in den geschilderten Fallbeispielen, zum Beispiel beim «Speiselokal in der Zürcher Altstadt», mehr oder weniger deutlich dargestellt. Obwohl das Fallbeispiel viele Einflussgrößen vernachlässigt, sind die wichtigsten Faktoren, die Angestellten des Lokals, das konkrete Verhalten der Angestellten, die Arbeitsorganisation sowie das Führungsproblem, relativ ausführlich aufgezeichnet.

Ganz anders verhält es sich beim zweiten Faktor. Da die psychischen Strukturen in der Regel sowohl den direkt Betroffenen als auch der sozialen Umgebung nicht bewusst sind, zum Beispiel «der familiäre Hintergrund, die Einstellungen und die Werthaltungen von Anna B., deren Einstellung gegenüber Frauen», ist es schwierig, klare Aussagen zu machen. Bei den innerpsychischen Voraussetzungen handelt es sich um wichtige Bestimmungsfaktoren des menschlichen Verhaltens. Aber wer weiß zum Beispiel schon, dass die Art des Rivalisierens, das Bezugsobjekt zu seiner Rivalität und die Intensität seines Rivalisierens zum größten Teil von Erfahrungen, Personen, Beziehungsmustern, Rollenzuweisungen, gruppendynamischen Vorgängen und von der verinnerlichten Geschlechterrolle abhängen, die hauptsächlich in der frühen Kindheit geprägt wurden. Diese These unterstützt zum Beispiel auch die Schweizer Psychologin Verena Kast (2000), wenn sie schreibt, dass «Neid, Rivalität und Eifersucht Emotionen sind, die in den Beziehungen zu den Eltern und den Geschwistern wurzeln und später auf weitere nahe Beziehungspersonen übertragen werden».

Der dritte Faktor, die erbgenetische Programmierung von Verhaltenssequenzen, spielt vor allem bei Tieren eine wichtige Rolle. Da deren Entwicklungsmöglichkeiten durch die Kürze der Wachstumsphase eng bemessen sind, reicht die Zeit zum Aufbau hochkomplizierter Verhaltensweisen, die das Überleben der Brut beziehungsweise der Gattung gewährleisten, nicht aus. Aus diesen Gründen sind bei Tieren auch komplexe Verhaltensmuster, zum Beispiel Aggressionshandlungen, der Nestbautrieb sowie Verteidigungsreaktionen, jahreszeitlich bedingte Wanderungs- und Flugbewegungen, fast vollständig angeboren.

Gelernte Rivalitätsrituale

Da die angelernten Verhaltensprozeduren im Sinne des zweiten Faktors im alltäglichen Sozialverhalten eine große Rolle spielen, wurden sie schon in der Antike zum Gegenstand großartigster Kunstschöpfungen erhoben. Die charakteristischen Familienkonflikte, zum Beispiel die Rivalität zwischen Vater und Sohn, zwischen König Laios und seinem Sohn Oedipus, fanden als archetypische Motive Eingang in die Sagenwelt, in die griechischen Tragödien, anhand deren das Wissen um die emotionale Dramatik dieser Zusammenhänge über viele Jahrhunderte weitergegeben wurde. Trotzdem: Diese Wechselwirkung ist den meisten Menschen kaum bewusst und auch von interessierten Personen im Rahmen einer vertieften Analyse nur begrenzt zu erschließen. Aber gerade deswegen, weil es so schwierig ist, diese Zusammenhänge zu ergründen, wird hier versucht, die Tiefenstrukturen des Rivalisierens etwas aufzuhellen.

Die Eltern sind in der Regel, zusammen mit den direkten Verwandten, die nächsten und wichtigsten Vorbilder im Hinblick sowohl auf das «Erlernen der Geschlechterrolle» (Alfermann, 1996) als auch auf das Erlernen der speziellen Rivalitätsmuster. Das Mädchen orientiert sich stark an seiner Mutter beziehungsweise deren Erwartungen und kopiert unbewusst deren Verhaltensweisen, zum Beispiel das Rivalisieren mit dem Vater (vgl. Mens-Verhulst/Schreurs u. Woertman, 1996). In analoger Weise stellt der Vater das Vorbild für den Jungen dar. Der Knabe identifiziert sich mit dem Vater beziehungsweise dessen Erwartungen im Hinblick auf die Rivalität mit der Mutter.

Das Mädchen erlebt aber auch den Vater als Mann und Partner der Mutter und verinnerlicht dieses «Männerbild» zu seinem eigenen «männlichen Anteil» (vgl. auch Oehler, 1999). Entsprechend verhält es sich beim Knaben. Er entwickelt im Erleben seiner Mutter die Beziehungsmuster zum weiblichen Geschlecht, einschließlich der Rivalitätsmuster, und eignet sich anhand ihres Verhaltens sein eigenes «weibliches Ich» an. Und die Beziehung beziehungsweise die Rivalität zwischen Vater und Mutter stellt für das Kind ein Grundschema der zwischengeschlechtlichen Kommunikation dar. In dieser spiegelt sich letztlich auch die «androzentrische» (männlichkeitszentrische) Dominanz der gesellschaftlichen Werte (Mertens, 1996).

Das Kind wird das Verhalten, speziell das Rivalisieren zwischen den Eltern, und das Energiefeld, das sie zwischen sich aufspannen, als verhaltenswirksames Muster für den partnerschaftlichen Kontakt in die Ich-Struktur integrieren. Dieses Modell wird als innere Matrix für alle zukünftigen zwischenmenschlichen Wahrnehmungs- und Verhaltensweisen dienen und das partnerschaftliche Verhalten, wiederum speziell die Rivalitätsmuster, auch in der nächsten Generation beeinflussen.

Diese Aussagen lassen erahnen, welche schwer wiegenden Folgen eine defizitäre beziehungsweise destruktive Kommunikation zwischen den Eltern auf das spätere Sozial- und Rivalitätsverhalten der Kinder hat. Das gilt besonders dann, wenn sich die Eltern gegenseitig abwerten und bekämpfen, das heißt, wenn sie auf destruktive Weise miteinander rivalisieren. Die Kinder eignen sich dann eine Geschlechteridentität, ein geschlechtsspezifisches Rollenverhalten, ein geschlechtsspezifisches destruktives Rivalisieren und ein Kommunikationsrepertoire an, das für eine gelingende Partnerschaft denkbar ungeeignet ist. Im Gegenteil, sie lernen und verinnerlichen mit großer Wahrscheinlichkeit ein Verhalten, speziell ein Rivalitätsverhalten, das wie bei den Eltern zu unlösbaren Konflikten führt. Es besteht dann die große Gefahr, dass sich die destruktive Dynamik innerhalb der Elternbeziehung bei den Kindern wiederholt.

Die formalisierte Kernfamilie (Parsons u. Bales, 1955) besteht im Regelfall aus Vater, Mutter, Sohn und Tochter. Zwischen diesen Personen sind sechs Variationen, sechs Paarbeziehungen möglich, zum Beispiel Vater/Mutter, Vater/Sohn, Vater/Tochter, Mutter/Sohn, Mutter/Tochter und Sohn/Tochter, zwischen denen sich zwischenmenschliche Rivalität entwickeln kann.

Rivalitätsmuster in der Kernfamilie

Dominanz der Eltern

Die Beziehung Vater/Mutter stellt das Schlüsselelement der sozialen Kommunikation dar. Erstens sind die Eltern für die Stabilität der Familie verantwortlich und leisten damit einen wesentlichen Beitrag für die Stabilität gesellschaftlicher Strukturen. Zweitens dient die Kommunikation zwischen Vater und Mutter als prägendes Vorbild für die Kommunikation zwischen den Kindern und für deren Beziehungen zu späteren Lebenspartnern. Das Funktionieren dieser Beziehung ist deshalb maßgeblich für die stete Reproduktion der zentralen gesellschaftlichen Strukturen verantwortlich.

Vater und Mutter sind als erwachsene Menschen formal mit gleicher Macht ausgestattet. In Wirklichkeit steht die Elternbeziehung selten in einer ausgewogenen Balance. Meistens entwickelt sich eine einseitige Dominanz. Entweder hat der Vater oder die Mutter «die Hosen an». Oftmals spaltet sich die Dominanz auf verschiedene Funktionsebenen auf. Zum Beispiel entscheidet der Vater bei beruflichen beziehungsweise finanziellen Fragen, während die Mutter in der Erziehung der Kinder oder in der Führung des Haushaltes die Verantwortung übernimmt. So oder so, ob nun ein Partner dominiert oder nicht, besteht zwischen den Ehepartnern eine Rivalitätsbeziehung, die einmal deutlicher, das andere Mal weniger offen in Erscheinung tritt.

Die Herausbildung der interfamiliären Dominanz stellt ein dynamisches Geschehen dar, das sich im Rahmen der Rivalität zwischen den Partnern in der Regel nach einiger Zeit auf einen stabilen

Gleichgewichtszustand einpendelt. Möglicherweise verändert sich aber während der Jahre die Stellung der Ehepartner zueinander, zum Beispiel durch persönliche Entwicklungsprozesse, durch die Beendigung der Berufstätigkeit oder bei schweren Krankheiten. Solche Ereignisse führen zwingend zu einer Neudefinition der Elternrollen innerhalb der Familiengemeinschaft und schließlich zu einer Umschichtung der familiären Machtverhältnisse. In solchen Umbruchsituationen tritt die Rivalität beziehungsweise der Machtkampf zwischen den Ehepartnern deutlicher in Erscheinung. In Zeiten stabiler Familienverhältnisse ist das Rivalisieren in der Familiengruppe weniger spürbar und tritt weniger ins Bewusstsein der Familienmitglieder.

Was für ein einzelnes Ehepaar gilt, dass sich nämlich eine einseitige Machtdominanz herausbildet, das gilt in gleicher Weise auch für Sippen oder größere gesellschaftliche Gruppen. Es gibt Gesellschaften beziehungsweise Völker, die sich je nachdem an einem männlichen oder weiblichen Bezugssystem orientieren. Man spricht dann von einem Patriarchat beziehungsweise einem Matriarchat. Im Patriarchat liegt die Dominanz bei den Männern. Der Mann bestimmt, was mit dem Geld geschieht, er bestimmt über Erziehung und über den Erbgang, während im Matriarchat die Frauen dominieren. Die Entscheidung, ob sich in einem Clan, in einer Sippe oder in einer Gesellschaft ein Patriarchat oder ein Matriarchat herausbildet, ist von vielen Faktoren abhängig. Als wichtigster Faktor gilt in der Regel die Verfügung über die Produktionsmittel, über das Einkommen. Wer das Geld nach Hause bringt beziehungsweise erwirtschaftet, bestimmt über dessen Verteilung und erlangt damit die Vormacht über den Lebenspartner. Wenn sich im Rahmen einer gesamtgesellschaftlichen Veränderung die Einkommensverhältnisse und die Verdienstmöglichkeiten zu Gunsten des einen oder anderen Geschlechts verändern, kommt es entsprechend zu einer Umschichtung der Machtverhältnisse. Das wird in der Regel sowohl von den einzelnen Menschen als auch vom ganzen System krisenhaft erlebt.

Rivalitätsmuster unter Geschwistern

Die Beziehung zwischen den Eltern ist naturgemäß eine weniger stabile Beziehung als die Geschwisterbeziehung. Mann und Frau lernen sich in einem Alter kennen, in dem ihr Charakter zum größten Teil schon geprägt und die Verhaltensmuster gelernt sind. Das gegenseitige Kennenlernen und der damit verbundene Anpassungsprozess stellen an die Partner hinsichtlich Flexibilität und Anpassungsfähigkeit sehr hohe Anforderungen. Im Gegensatz zur Elternbeziehung erscheint die Geschwisterbeziehung «wie auf Stein gebaut». Die Geschwisterbeziehungen sind die dauerhaftesten Beziehungen innerhalb der Kernfamilie (Schiekiera, 2000). Sie beginnen in frühester Kindheit und dauern in der Regel bis ins Alter. In der Geschwisterbeziehung sind die Menschen abgegrenzter, gleichberechtigter, ehrlicher, offener und schonungsloser als in später eingegangenen Freundschafts- und Partnerbeziehungen. Die Reaktionen können noch so heftig ausfallen, meistens führen sie schon nach kurzer Zeit zu Aussprache und Versöhnung. Aus diesen Gründen sind sie gegen Krisen besser gefeit als die Partnerbeziehungen. Die Geschwisterbeziehungen stellen deshalb, weil sie in der Familie so fest verankert sind, für die Rivalität im Erwachsenenalter stark prägende und bleibende Muster dar.

Kinder werden als Rivalen geboren! Da kleine Kinder nicht gerne teilen, schon gar nicht ihre Eltern, sind Konflikte vorprogrammiert. Aber Machtkämpfe unter Geschwistern sind normal und aktualisieren, neben der Aggression, ein kreatives Potenzial. Im Rivalisieren lernen Kinder auf spielerische Weise die Beherrschung der Kampfrituale um Macht, Einfluss und Selbstbehauptung kennen. Kinder, die im Rivalitätskampf früh unterliegen, bleiben in der Regel lebenslang durchsetzungsschwach. Das gilt auch für Kinder, die allein aufwachsen und das Sozialverhalten nicht im gewünschten Ausmaß lernen.

Einzelkinder wachsen zwar behütet und mit Elternliebe verwöhnt auf – sie haben und bekommen, was sie wollen –, ihnen fehlt aber die Herausforderung, das Erlebnis der Geschwisterrivalität. Sie sind weniger auf Rivalität sensibilisiert, sind eher lieb als kämpferisch, eher naiv als differenziert und eher offen und vertrauensvoll als anspruchsvoll und kritisch. Auch spüren sie weder Grenzen, noch lassen sie die Vorsicht walten; sie können sich weniger gegen Rivalen behaupten beziehungsweise durchsetzen, weil ihnen das gewisse Misstrauen und die Wahrnehmung für rivalisierende Feindseligkeiten fehlen. Es mangelt ihnen am Aufbau eines Verhaltensrepertoires, um den Rivalitätskampf adäquat zu meistern. Anders geht es Kindern in einer Großfamilie.

In kinderreichen Familien gibt es in der Regel ein differenziertes Rollen- und Lernangebot. Die geschwisterlichen Positionskämpfe und deren prägende Rangordnungen sind aber stark von der Geschwisterfolge abhängig:

- Die Erstgeborenen übernehmen die Wertvorstellungen der Eltern am stärksten und gelten in der Regel als zielstrebig, autoritär, dominant und konservativ. Sie sind deshalb in der Schule und im späteren Berufsleben meist erfolgreicher als die nachfolgenden Kinder.
- Die mittleren Kinder müssen lernen, sich sowohl nach oben als auch nach unten zu wehren. Ihre Identitätssuche ist schwieriger, weil sie keine unverwechselbare, deutlich charakterisierte Stellung in der Geschwisterreihe einnehmen wie die Erstgeborenen und die Nesthäkchen. Sie reagieren deshalb eher konfliktscheu oder abwägend und schlüpfen später am ehesten in die Rolle eines Diplomaten, Spielers oder Künstlers.
- Die Spätgeborenen hingegen besetzen oft die Rolle des Rebellen, weil sie sich immer gegen unerreichbar Stärkere zu behaupten haben. Deshalb identifizieren sie sich mit den Schwachen, in die sie sich besser einfühlen können als in dominante Menschen (Sulloway, 2000).
- Einen Sonderfall stellen Zwillinge dar. Die Rivalität zwischen ihnen scheint in erster Linie durch die Intensität der gegenseitigen Beziehung und durch die Abgrenzungsproblematik zwischen ihnen bestimmt zu werden. Zwillinge sind stark aneinander gebunden, sie leben und spielen zusammen und durchlaufen einen gemeinsamen Entwicklungsweg. Das hat einerseits zur Folge, dass sie sich gegenüber den Eltern und anderen Geschwistern früh als eigenständige, abgegrenzte Einheit erleben und dadurch ein stark ausgeprägtes, gemeinsames Autonomiegefühl entwickeln. Die Rivalität verlagert sich dann von der internen Geschwisterrivalität auf die Rivalität zwischen dem Zwillingspaar und den Eltern beziehungsweise zwischen dem Zwillingspaar und anderen Geschwistern. Gleichzeitig besteht bei Zwillingen die Gefahr, die Ausbildung der eigenen Ich-Funktionen, wenigstens partiell, an ihre Zwillingsgeschwister zu

delegieren. Der eine Zwilling ist dann für diese Aufgabe zuständig, der andere für jene. Diese Arbeitsteilung hat einerseits Abwehrcharakter – sie gestattet es den Zwillingen, ihre interne Rivalität elegant zu umgehen –, sie kann aber zu einer symbiotischen Abhängigkeit führen, denn sie hindert die Zwillingsgeschwister in der gemeinsamen Aufgabe, in erster Linie alle Ich-Leistungen selber zu lernen:

Die beiden Zwillingsgeschwister Regula und Marianne unterschieden sich zwar äußerlich deutlich voneinander, sie taten sich aber schwer, ihre persönliche Individualität in Abgrenzung zur eigenen Schwester zu entwickeln. Trotzdem schienen sie sich im Rahmen heftiger Rivalitätskonflikte auf eine spezifische Rollenverteilung geeinigt zu haben. Regula beanspruchte für sich das so genannte Herzsegment, das liebevolle, herzliche Beziehungen zu einer Schar fröhlicher Freundinnen mit einschloss, während die «intellektuellere» Marianne die «Kopfrolle» besetzte und sich zum Büchernarr entwickelte. Diese Rollenteilung verzerrte aber künstlich die wirklichen Charaktereigenschaften der beiden Zwillingsgeschwister, was im Laufe der weiteren Entwicklung immer offensichtlicher wurde. Die Mädchen merkten im Spiegel der Schulkameradinnen bald, dass beiden etwas fehlte. Regula schien die Rolle des «niedlichen kleinen Mädchens» plötzlich nicht mehr zu akzeptieren, und Marianne pflegte Freundschaften, die dem Rollensegment der «Intellektuellen» nicht mehr entsprachen. In der Folge waren beide bemüht, die Nachentwicklung der fehlenden Erfahrungen voranzutreiben, was mehr und mehr zu neuen Auseinandersetzungen führte. Die Rivalität stieg hin und wieder ins Unermessliche und nahm bisweilen etwas derbe Formen an. Keine mochte der anderen einen kleinen Sieg, die Spur einer größeren Fähigkeit oder einen winzigen Entwicklungsfortschritt gönnen. Mit unbarmherziger Brutalität wurden die Schwächen der Zwillingsschwestern untereinander aufgedeckt.

Trotz der streitsüchtigen Kultur in der Geschwistergruppe lernen die Kinder auch die Vorteile der geschwisterlichen Beziehung kennen. Geschwister können hilfreiche Bündnisse eingehen und sich gegenseitig konstruktiv unterstützen. Sie können zudem Koalitionen sowohl gegen äußere Bedrohungen als auch gegen die

Eltern bilden. Zum Beispiel pflegen sich Scheidungskinder beziehungsweise Kinder alkoholabhängiger Eltern im Sinne einer «Notgemeinschaft» eng aneinander zu binden.

Das Erlebnis der solidarischen Gemeinschaft ist für das spätere Verhalten ebenso prägend wie das feindselige gegenseitige Rivalisieren. Diese Feststellung erinnert an das in früheren Kapiteln beobachtete gleichzeitige Vorhandensein sowohl von unsolidarisch-egoistischen als auch von solidarisch-sozialen Motiven.

Die Geschwisterrivalität ist in der Regel umso geringer, je besser sich die Eltern verstehen, je herzlicher und lebendiger sie ihre Beziehung gestalten und je mehr sie ihren Kindern ein echtes Mitgefühl entgegenbringen. Aber alle Kinder möchten sowohl geliebt als auch akzeptiert werden. Deshalb versuchen sie, die Aufmerksamkeit der Eltern auf sich zu ziehen, indem sie eine besonders repräsentative und von den Eltern respektierte Nische suchen. Die Rivalität ist deshalb bei Zwillingsgeschwistern, bei gleichgeschlechtlichen oder fast gleichaltrigen Geschwistern besonders problematisch, weil es die Kinder dann schwerer haben, sich von ihren Rivalen und Rivalinnen deutlich abzuheben.

Die Abhängigkeitsmuster von nicht gleichaltrigen Geschwistern können sich durch das Älterwerden plötzlich ins Gegenteil verkehren. Die altersbedingte Dominanz der Älteren wird plötzlich zur Vorherrschaft der Jüngeren:

Irina und Swetlana, zwei Schwestern aus der Ukraine, eröffneten in einer deutschen Kleinstadt ein Restaurant. Während sich Irina, die Initiatorin, mit dem Unternehmen voll identifizierte, sich fleißig und aufopfernd um die Gäste kümmerte und von früh bis spät das Lokal betreute, schien sich die um zehn Jahre ältere Swetlana weniger um diese Dinge zu sorgen.

Früher war alles ganz anders gewesen: Swetlana war mit zwölf Jahren bereits eine junge Frau gewesen, als sie die Schule in Kiew besuchte, während Irina noch in Strampelhosen auf dem Stubenboden herumkrabbelte. Als Swetlana volljährig wurde, lief Irina als übermütiger Teenager von einer Disko zur nächsten – und jetzt waren die Rollen jäh vertauscht. Jetzt war es Irina, die führte, während sich Swetlana nur widerwillig fügte.

Die Dominanz zwischen den Geschwistern ist stark von der Altersstufe abhängig. Der Altersunterschied wirkt sich in der Kindheit viel stärker aus als im Erwachsenenalter. Der Entwicklungsunterschied zwischen einem zweijährigen Kind und einem zwölfjährigen Mädchen ist gewaltig. In diesem Alter stellt eine Altersdifferenz von zehn Jahren ein überragendes Faktum dar. Die Kinder sind sowohl in ihrem körperlichen Reifegrad als auch in der seelischen Entwicklung kaum miteinander zu vergleichen. Das ändert sich mit dem Erwachsenwerden. Die Verschiedenheit zwischen einer dreißigjährigen Frau und ihrer vierzigjährigen Schwester lässt sich eher auf charakterliche Unterschiede als auf das tatsächliche Alter zurückführen.

Ein besonderes Konfliktpotenzial, innerhalb dessen die Rivalitätsproblematik eine nicht unwesentliche Rolle spielt, enthalten auch das Erben beziehungsweise der Erbübergang auf die nachkommende Generation. Die Erbverteilung unter den erbberechtigten Geschwistern stellt deshalb in vielen Kulturen ein nicht oder nur schlecht gelöstes Problem dar. In der Regel wird das elterliche Vermögen gleichmäßig auf die Nachkommen verteilt. Aber in ländlichen Gebieten, speziell in der Landwirtschaft, droht die fortlaufende Teilung zu einer endlosen Zersplitterung der landwirtschaftlichen Nutzflächen zu führen. Irgendwann pflegten die verstückelten Parzellen das Maß einer angemessenen Wirtschaftlichkeit zu unterschreiten. Wie aber konnte dieses andauernde Aufteilen vermieden werden?

In vielen Kulturen wurden Gesetze erlassen, die den besonderen Umständen auf dem Lande Rechnung trugen. In diesen Gesetzen wurde festgeschrieben, dass der ungeteilte Hof einem einzigen Erbberechtigten zufallen sollte. Welcher Sohn oder welche Tochter sollte der oder die Glückliche sein? Wie konnten tief greifende Rivalitätskonflikte unter den Geschwistern vermieden werden? Die Lösung brachten Gesetze, die die Vererbungsmodalitäten eindeutig vorgaben. In der Regel wurde bestimmt, dass entweder der älteste, der jüngste oder zum Beispiel auch der zweite Sohn den landwirtschaftlichen Betrieb als Ganzes übernehmen konnte.

Die Geschwisterbeziehung stellt für die Kinder ein wichtiges Lernfeld dar. Die Jüngeren lernen am Vorbild der Älteren, und die männlichen beziehungsweise weiblichen Geschwister lernen im

Umgang mit den andersgeschlechtlichen Geschwistern das andere Geschlecht kennen.

Die Vergangenheit setzt sich durch

Die Rivalitätsmuster, die während der Kindheit geprägt wurden, stellen die bestimmenden Tiefenstrukturen der Rivalität im Erwachsenenalter dar. Das aktuelle Rivalisieren in den Lebensgruppen eines erwachsenen Menschen erinnert stark an die Rivalitätsmuster der kindlichen Rivalität, es gehorcht den gleichen Gesetzen und verläuft nach den gleichen einprägsamen Mustern. Diese These soll noch etwas differenzierter dargestellt werden.

Die von den Kindern wahrgenommenen Rivalitätsmuster zwischen den Eltern wirken sich später auf die Wahrnehmung der Rivalität zwischen Vorgesetzten oder Lehrern aus. Der erwachsene Mensch tendiert also dazu, die Rivalität zwischen möglichen Autoritätspersonen entsprechend dem elterlichen Rivalitätsmuster zu interpretieren.

Zum besseren Verständnis sollen diese Aussagen operationalisiert, das heißt in konkrete Verhaltensaussagen umgesetzt und teilweise mit Beispielen unterlegt werden. Diese Formulierungen sollten gewissermaßen als stark formalisierte «Regeln» und nicht als wirkliche Aussagen verstanden werden. Sie lauten dann etwa so:

«Die Rivalität zwischen meinen Vorgesetzten erinnert mich unbewusst an die konstruktive beziehungsweise destruktive Rivalität zwischen meinen Eltern. Deshalb erlebe ich die Rivalität zwischen meinen Vorgesetzten analog als konstruktiv oder destruktiv.»

Die Rivalität zwischen den Kindern und den Eltern wird in gleicher Weise auf das spätere Rivalisieren mit bestimmten Autoritätspersonen übertragen. Man steht also in Gefahr, sich mit einem Chef, einem Lehrer oder sonst mit einer herausragenden Persönlichkeit des öffentlichen Lebens in eine Rivalitätsbeziehung zu verstricken, die nach dem gleichen Strickmuster der damaligen Rivalitätskonflikte mit den eigenen Eltern angelegt ist. Solche Prozesse werden zum Beispiel durch eine Ähnlichkeit in der Sprache, durch einen bestimmten Tonfall, durch eine bestimmte Redewendung oder durch äußere Merkmale ausgelöst.

Die Operationalisierung führt analog zum vorhergehenden Beispiel zu folgenden Aussagen:

«Meine Rivalität mit meinem Vorgesetzten erinnert mich unbewusst an meine konstruktive beziehungsweise destruktive Rivalität mit meinem Vater oder mit meiner Mutter. Deshalb rivalisiere ich entsprechend konstruktiv beziehungsweise destruktiv mit meinem Vorgesetzten.»

Als Beispiel zu dieser Rivalitätskonstellation wird hier die Konfliktsituation in einem Blumengeschäft dargestellt:

In einem Blumengeschäft arbeiteten sowohl eine ehemalige fünfunddreißigjährige Angestellte Frau M., die für sechs Monate aushalf, als auch der siebzehnjährige Lehrling Lisa. Letztere zeigte überraschend nicht die von der Lehrmeisterin erwartete Leistung. Sie wirkte nervös, unsicher und unkonzentriert. Die Lehrmeisterin musste ihr jeden Morgen die gleichen Anweisungen erteilen – Lisa zeigte sich nicht in der Lage, den Tageslauf selbstständig zu organisieren und wiederkehrende Aufgaben zuverlässig auszuführen. Auch Frau M. war ungehalten und pflegte Lisa regelmäßig zu kritisieren. Schließlich trug sie weiter zur Verunsicherung des Lehrlings bei, indem sie im privaten Gespräch deren Berufswahl in Frage stellte und das Mädchen geradeheraus zum Abbruch der Lehre nötigte.

In einem Gespräch mit den Eltern zeigte sich die Mutter des Lehrlings sehr besorgt und äußerte Schuldgefühle. Sie habe Lisa nicht rechtzeitig zur Mitarbeit angehalten. Sie habe ihr alles abgenommen, weil sie sich durch deren Mitarbeit im Haushalt in ihrer Identität als Frau bedroht gefühlt habe. Aus diesen Gründen habe ihre Tochter nie gelernt, ihre Arbeit frei zu wählen, allein zu entscheiden, sich unabhängig von der mütterlichen Anleitung selber zu organisieren und eigenständig Verantwortung zu übernehmen.

Das Verhalten des Lehrlings änderte sich aber plötzlich, als Frau M. nach den vereinbarten sechs Monaten aus dem Blumengeschäft ausschied. Nach deren Weggang war Lisa wie umgewandelt. Sie arbeitete plötzlich «für zwei Personen», zeigte sich fleißig, aufmerksam und interessiert. Sie erinnerte sich bestens an die Aufgaben, die sie regelmäßig auszuführen hatte.

Nach einer längeren Erörterung der Umstände wurde deutlich, dass die um einige Jahre ältere Frau M. den Lehrling an ihre eigene Mutter erinnerte. Bei Anwesenheit von Frau M. fiel das Mädchen in ihre kindlich-naive Rolle zurück und war nicht mehr in der Lage, wie ein erwachsener, unabhängiger Mensch zu reagieren. Es stellte sich weiter heraus, dass sich auch Frau M. durch den Lehrling in ihrer Existenz bedroht gefühlt hatte, weil sie die Stelle, die der Lehrling innehatte, im Rahmen einer Zweitausbildung selber gern besetzt hätte. Sie hätte also vom Abbruch der Lehre unmittelbar profitieren können.

Zusammenfassend wurde deutlich, dass Frau M. mit dem Lehrling, wie dazumal die Mutter mit der Tochter, um die Fragen rivalisierte: Wer ist die Bessere? Wer kann sich durchsetzen? Wer hat mehr Macht? Und in diesem Kampf verstärkten sowohl früher die Mutter als auch heute Frau M. auf Kosten von Lisa ihren Selbstwert.

Natürlich gilt, um die systematische Darstellung der kindlichen Prägungen fortzusetzen, auch die Umkehrung: Personen, die selber eine Autoritätsposition innehaben, pflegen ihre Rivalität zu ihren Untergebenen, Schülern oder Kunden ebenfalls entsprechend dem verinnerlichten Eltern-Kind-Schema aus der eigenen Kindheit zu definieren.

Die Operationalisierung könnte dann lauten:

«Meine Rivalität mit meinem Untergebenen erinnert mich unbewusst an die konstruktive beziehungsweise destruktive Rivalität zwischen meinen Eltern und mir. Aus diesen Gründen rivalisiere ich entsprechend konstruktiv oder destruktiv mit meinem Untergebenen.»

Dasselbe Übertragungsschema beobachten wir auch im Hinblick auf die Rivalität mit gleichgestellten Kollegen, Nachbarn und Mitarbeitern. In diesen Fällen tendieren die Menschen dazu, die mit den Geschwisterbeziehungen verbundenen ehemaligen Rivalitätsmuster in der Erwachsenenwelt zu wiederholen. Die Rivalität zu einem Arbeitskollegen wird zum Beispiel von der ehemaligen Rivalität zu einem Bruder bestimmt, und die damalige

Rivalitätsbeziehung zu einer Schwester überträgt sich analog auf eine Mitarbeiterin oder sogar auf die eigene Ehepartnerin.

In der operationalisierten Fassung lauten dann diese Thesen:

«Meine Rivalität mit meinem Kollegen erinnert mich unbewusst an meine konstruktive beziehungsweise destruktive Rivalität mit meinem Bruder oder mit meiner Schwester. Deshalb rivalisiere ich entsprechend konstruktiv beziehungsweise destruktiv mit meinem Kollegen.»

Ein Beispiel:

Die Arbeitsbeziehung zwischen Frau S. und Herrn N. schien außerordentlich problematisch. Obwohl die beiden Angestellten eines Architekturbüros hierarchisch gleichgestellt waren, versuchte Herr N. laufend, seine Mitarbeiterin zu belehren und ihr deutlich zu signalisieren, dass sie seine Anweisungen zu befolgen habe. Tatsächlich war Herr N. ein langjähriger Mitarbeiter der Firma und hatte einige der übernommenen Arbeiten von Frau S. früher selber ausgeführt. Er kannte sich in der Bedienung der Geräte bestens aus und leitete aus dieser Kompetenz die Berechtigung ab, der um fünf Jahre jüngeren und neu in das Geschäft eingetretenen Mitarbeiterin Anweisungen zu erteilen. Aber Frau S. reagierte auf diese Anmaßung überaus trotzig, und es schien, dass eine gütliche Einigung nicht möglich sein werde.

Im Rahmen einer Selbsterfahrungsgruppe konnte dann folgende Dynamik herausgearbeitet werden: Frau S. war das jüngste Kind von vier Geschwistern. Schon als Kind fiel es ihr schwer, sich gegen ihre Brüder durchzusetzen. Meistens zog sie den Kürzeren. Die einzige Strategie, den Geschwistern erfolgreich Widerstand zu leisten, war der Trotz. Demgegenüber war Herr N. der fünfte Sohn von sieben Geschwistern. Seine jüngste Schwester war vier Jahre jünger als er. Dieser musste er während der Kindheit mehr Ersatzvater als Bruder sein.

In der Konfrontation am Arbeitsplatz wiederholten beide, Frau S. und Herr N., ihre kindlichen Rollen, die zueinander wie der Schlüssel ins Loch passten. Frau S. erlebte in der Begegnung mit Herrn N. ihre älteren Brüder und reagierte entsprechend widerspenstig, während Herr N. seine Arbeitskollegin mit seiner jüngsten Schwester verwechselte, auf die er immer aufpassen musste und die er herumzukommandieren pflegte.

Selbstverständlich werden von den Kindern nicht nur isolierte Zweierbeziehungen verinnerlicht, sondern immer das ganze Beziehungsgeflecht der Familien mitsamt dem vollständigen Netzwerk von Abhängigkeiten, Einstellungen, Gefühlen, Besonderheiten und Einschränkungen. Es ist also immer die ganze Gruppe mit ihrer damaligen Gruppendynamik und Rollenverteilung, die bei den Kindern lebenslang wirksam zum Aufbau der Verhaltens- und Rivalitätsmustern beiträgt.

Diese Rivalitätsmuster werden nicht nur auf eine einzige nachfolgende Generation übertragen. Die Tradierung erfolgt in einer ununterbrochenen Ahnenreihe von einer Generation auf die nächste. Das Familienschicksal der Urgroßeltern wiederholt sich bei den Großeltern, hinterlässt unübersehbare Spuren bei den Eltern, setzt sich fort bei den eigenen Kindern und wird auch noch bei den Großkindern nachzuweisen sein.

Selbstverständlich läuft diese Weitergabe an die nächstfolgende Generation vollkommen unbewusst ab. Die Menschen erkennen diese Zusammenhänge in der Regel nicht, wenn sie nicht speziell auf diese Mechanismen aufmerksam gemacht werden oder wenn sie nicht gelernt haben, ihre Reaktionen anhand tiefenpsychologischer Kriterien zu analysieren.

Aus diesen Gründen bleibt es schwierig, mit psychologisch ungeschulten Menschen über diese Zusammenhänge zu reden. Die Menschen, auf diese Gesetzmäßigkeiten angesprochen, reagieren in der Regel sehr gekränkt, weil sie sich erstens in ihren Gefühlen ertappt fühlen, und zweitens erst recht, wenn sie erkennen, dass ihr persönliches Rivalisieren auf kindlichen Erfahrungen basiert.

Obwohl es schwer ist, diese Mechanismen zu deuten, sind sie lernpsychologisch gut zu verstehen. Man ist eher geneigt, diese Einsichten zu akzeptieren, wenn man das menschliche Verhalten, sofern es sich auf die Anpassung an die gegebenen Lebensumstände bezieht, konsequent als gelernt akzeptiert. Die Eltern sind und bleiben die wichtigsten und ersten Menschen im Rahmen der Sozialisation. Ausgehend von dieser These, überzeugt es besser, dass die frühesten bzw. wichtigsten Erfahrungen mit den eigenen

Eltern tiefe und für das zukünftige Verhalten richtungweisende Spuren hinterlassen.

Bei jedem Entwicklungsvorgang, der auf Lernen beruht, sind die ersten Erfahrungen die entscheidenden. Sie geben einen ersten bestimmenden Rahmen, der anhand des späteren Lernens nur noch abgewandelt beziehungsweise korrigiert wird. Das Beziehungsnetz der Kindheit, während der das Kind das erste Mal eine existenzielle Beziehung zu einer erwachsenen Frau, zur eigenen Mutter, oder zu einem erwachsenen Mann, zum eigenen Vater, zu gleichaltrigen Mitmenschen, zu den eigenen Geschwistern, aufnimmt, wird so zum prägenden Modell für alle späteren Beziehungen. Das gilt für alle Gefühle, seien es Liebe, Vertrauen, Sympathie, Hass, Wut oder eben auch Rivalität.

Was bedeuten diese Ergebnisse?

- Sie bedeuten erstens, dass hinter dem menschlichen Rivalisieren tief verankerte psychische Strukturen stehen, die während der Kindheit entstehen und das spätere Verhalten entscheidend beeinflussen.
- Es bedeutet zweitens, dass diese Strukturen nicht bewusst sind und dass sie nur im Rahmen eines besonderen persönlichen Bemühens, zum Beispiel durch eine Selbsterfahrungsgruppe oder eine Psychotherapie, erkannt werden können.
- Und es bedeutet drittens, dass die Veränderungen dieser Strukturen nur durch intensives Arbeiten an sich selbst bewirkt werden können.

Heißt das nun, dass man sich mit den Besonderheiten des Verhaltens, auch wenn sie auffällig und unangepasst sind, abfinden muss? Ist es wirklich so, dass die Verhaltensweisen des Menschen so starr und festgefahren sind, dass sie den Änderungsversuchen erfolgreich widerstehen? Ist es so, dass der Mensch in dieser Weise unbelehrbar, unangepasst und widerspenstig ist? Meistens leider ja!

Der Mensch liebt es nicht, in Frage gestellt zu werden, sich umzustellen, sich anzupassen und sich zu verändern. Es entspricht seinem typischen Grundverhalten, dass er seine inneren und äußeren Beweggründe kaschiert und verteidigt, solange er kann. Das ist deswegen verständlich, weil jede Änderung am Bezugssystem der Persönlichkeit an die Basis unseres psychischen Sicherheitssystems rührt, weil es das Selbstwertgefühl und die Selbstsicherheit in Frage stellt und die ausgewogene Balance zwischen den Persönlichkeitssystemen zu erschüttern droht. Solche Erschütterungen sind in der Regel mit der Weckung tiefster Selbstzweifel und Ängste verbunden. Die Menschen sind in der Regel erst dann bereit, ihre Grundeinstellungen zu verändern, wenn sie durch besondere Lebensumstände oder durch eine größere Lebenskrise dazu genötigt werden, wenn die Reaktionen eines Partners, ein berufliches Scheitern oder persönliche Niederlagen Änderungen aufdrängen.

Wenn es also nur schwer möglich ist, die tiefenstrukturellen Muster zu korrigieren, ist es wenigstens denkbar, dass man das Rivalisieren an der Oberfläche, auf der Verhaltensebene ändert? Wie kann man reagieren, wenn man Opfer einer Intrige wird? Gibt es Möglichkeiten, sich gegen das destruktive Rivalisieren der Arbeitskollegen zu wehren? Oder allgemeiner: Wie kann man erreichen, dass über Rivalität gesprochen und das Tabu gebrochen wird?

Was kann ich ändern,
wie kann ich mich wehren?

Die Rivalität zwischen Menschen lässt sich nicht auf Knopfdruck stoppen. Sie gehört zum menschlichen Charakter wie die Liebe, die Aggression, der Neid und die Eifersucht. Deswegen muss man lernen, mit rivalisierenden Menschen friedlich zusammenzuleben.

Anders verhält es sich mit der destruktiven Rivalität. Sie ist und macht krank. Zwar zeigen auch gesunde Menschen hin und wieder destruktives Verhalten – es gibt Situationen, die sich weder lösen noch einfach aus der Welt schaffen lassen, die ein klares und spontanes Reagieren verlangen, das auch mal deftig, rücksichtslos und destruktiv ist, das auch einmal Grenzen überschreitet – diese Reaktionen sollten aber Ausnahmen bleiben. Destruktive Rivalität bereitet Schmerzen und hinterlässt Wunden.

Die Verwandlung der destruktiven Rivalität in konstruktive Formen des Rivalisierens kann in erster Linie durch das ehrliche und offene Sich-Eingestehen des eigenen destruktiven Rivalisierens und in schwereren Fällen durch Selbsterfahrungsgruppen und Psychotherapie gelingen.

Die Energien, die durch Rivalitätskämpfe gebunden werden und die deshalb in der zwischenmenschlichen Kommunikation fehlen, sind erheblich, besonders deshalb, weil die Rivalitätskonflikte meistens langfristig ausgesessen, ausgehalten und durchgestanden werden. Kaum jemand ist in der Lage, spontan zu reagieren. Über die schwelenden Konflikte lässt man Gras wachsen, bis deren Sprengkraft nachlässt. Das soziale Zusammenleben der Menschen in Ämtern, Schulen, Spitälern, Betrieben und Familien könnte deshalb besser, effizienter wie auch friedlicher sein, wenn man ehrlicher über Rivalität reden und entsprechende Konsequenzen daraus ziehen würde. Das offene Gespräch über Rivalität, wenn es stattfindet, überwindet Gräben und befreit den Dialog. Es bahnt den Weg zu mehr Humanität, zu seelischer Gesundheit und besserer Lebensqualität. Das setzt aber voraus, dass die Tabuisierung der Rivalität durchbrochen wird.

Das Tabu brechen

Wie kann ein Tabu, das tief in den gesellschaftlichen Normen und Umgangsformen verankert ist, aufgelöst werden?

Im Allgemeinen fehlt die soziale Kompetenz, auf Rivalitäts-konflikte adäquat zu reagieren. Die Menschen sind es nicht gewohnt, über Rivalität zu reden, und lieben es nicht, auf ihr Rivalisieren angesprochen zu werden. Sie haben nicht gelernt, deren Zeichen zu verstehen und ihren Charakter zu begreifen. Das Problem beginnt aber schon früher: bei der Wahrnehmung.

Rivalität ist ein Begriff, den viele Menschen gar nicht kennen, sie spüren eher Neid, Missgunst und Eifersucht. Das sind Gefüh-le, die reizen, provozieren, Reaktionen auslösen, die gefühlsmäßig fassbar und verhaltensmäßig wirksam sind. Anders verhält es sich bei der Rivalität. Rivalität meint ein Verhalten, das verdeckter und weniger spürbar ist. Der erste Schritt zum Brechen des Tabus be-steht also darin, dass man redet, über Rivalität spricht, dass man mit dem Finger auf sie zeigt, ihr nachfährt, ihre Linien nachzeich-net, die Aufmerksamkeit auf sie richtet und versucht, ihre Dyna-mik zu verstehen. Die Menschen müssen im Rahmen eines Lern-prozesses sowohl auf das offene als auch auf das versteckte Rivalisieren sensibilisiert und neugierig werden.

Wenn man annimmt, dass jeder Mensch zu jeder Zeit und mit allen Anwesenden irgendwie kommuniziert und damit bewusst oder unbewusst in Beziehung steht, so kann man weiter daraus schließen, dass zu dieser Beziehung immer auch Rivalität gehört. Ist es nicht spannend, diese Gefühle zu erforschen, das eigene und fremde Rivalisieren, das Sich-Vergleichen und -Messen, in seiner sensiblen Vernetzung zu verstehen? Kann es nicht nützlich sein, im Sinne einer Selbstbeobachtung, sich selbst zu erfahren, offen und aufmerksam, sich konsequenter zu analysieren und besser zu erkennen?

Vielleicht muss Rivalität erst in Mode kommen. Vielleicht muss der Begriff erst die Medien erobern, präsent werden, zur Dis-kussion anregen, mit Bildern versehen und an Beispielen konkre-tisiert werden, damit die Menschen lernen, mit ihm umzugehen, ihn anzuwenden und ihn wiederzuerkennen. Rivalität sollte handlicher, alltäglicher im Sprachgebrauch und gebräuchlicher im

Wortschatz werden. Dazu braucht es Beispiele, eindrückliche Modelle, anhand von Szenen und Ereignissen. Hier könnten Bücher, die Boulevardpresse, die Filmindustrie etwas beitragen. Zwar spielt die Rivalität schon heute in vielen Unterhaltungsfilmen eine wichtige Rolle – die Serien und Folgen sind gespickt mit Konflikten, in denen es um Rivalität, Neid, Eifersucht und Missgunst geht. Es sind aber immer nur die anderen, die Oberen, die Fernen, die Andersgearteten, die sich erlauben, so widerlich und ungeschminkt um Macht, Ansehen und Ehre zu kämpfen.

Aus diesen Gründen sollten die Menschen mehr und mehr akzeptieren, dass es verschiedene Formen des Rivalisierens gibt, dass alle Menschen rivalisieren und dass es gut und besser ist, es auf faire Weise zu tun. Die Unterscheidung zwischen konstruktiv, destruktiv und defizitär muss einsichtiger und verständlicher werden, muss Wege öffnen und Konflikte beseitigen.

Mit gutem Beispiel vorangehen

Gesamtgesellschaftliche Veränderungen sind komplexe, großgruppendynamische Prozesse und dauern lange. Der einzelne Mensch hat wenig Möglichkeiten, den Prozess zu beschleunigen. Was kann aber der Einzelne tun? Welche Möglichkeiten hat das Individuum, in Rivalitätssituationen zu reagieren?

Den ersten Schritt kann jeder wagen: sich eingestehen, dass man selber rivalisiert. Wer soll denn mit Veränderungen beginnen, wenn nicht derjenige, der es erlebt, der leidet und dem die Problematik bewusst wird? Warum soll man nicht selber versuchen, den Kontakt zu knüpfen und das Gespräch zu beginnen?

Das klärende Gespräch

Wir vergleichen uns immer, jeden Tag, mit jedem und allem, nicht nur in der Leistung. Wir vergleichen uns in der Größe, im Befinden, in der Ausstrahlung, in der Sympathie, und in jedem Vergleich steckt Rivalität. Wer hat mehr von diesem oder mehr von jenem? Wer hat mehr Erfahrung, mehr Ausbildung, mehr Diplome? Wer hat mehr Anerkennung, wer genießt Ruhm, wer wird geliebt? Das sind Fragen, die uns bewegen und die ungewollt an unser Selbstwertgefühl rühren. Deshalb ist es schwierig, über Rivalität zu reden. Man stößt auf Widerstand, prallt an Mauern oder provoziert emotionsgeladene Abwehrtiraden: «Nein, nein, ich rivalisiere nicht.»

Im Rahmen eines Golfturniers trafen vier alte Freunde aufeinander, die die übliche gekünstelte Freundlichkeit bei solchen Ereignissen satt hatten. Die sonst üblichen Lobreden auf die Gegner, die Mitleidsbekundungen, bewundernden Bemerkungen, fälschlich ermutigenden Anspielungen schienen den Kontrahenten mehr als verlogen, doppelbödig, und außerdem heuchlerisch. Die Spieler kamen deshalb überein, wenigstens ein einziges Mal auf beschönigende Kommentare zu verzichten und ihren wirklichen Gefühlen freien Lauf zu lassen. Die Folge waren eine Unzahl schadenfreudiger Foppereien, herablassender Neckereien, ironischer Anspielungen und beißender Spott. Einerseits fühlten sie sich in ihrer neu erlebten Ehrlichkeit wohl, andererseits fühlten sie sich durch die spontane Erfahrung des eigenen, erschreckend destruktiven Potenzials ein wenig beschämt.

Das etwas außergewöhnliche Experiment soll nicht Schule machen. Es sollte nur zeigen, welche Gefühle aufkommen können, wenn man sich einen Augenblick lang vom Geist der destruktiven Rivalität überwältigen lässt.

Aber irgendwo gibt es einen Punkt, bei dem man innehalten, einen Atemzug lang nachdenken, die Gefühle auf sich wirken lassen und unvermittelt umschwenken kann. Dann sind die Sinne plötzlich offen, das Herz bereit, um die innere Erschütterung wahrzunehmen, das Ergebnis zu akzeptieren und sich das Rivalisieren ehrlich einzugestehen. Dann fällt es einem wie Schuppen von den Augen. Plötzlich sehen die Menschen, wie sie reagieren, immerzu reagiert haben, wie sie überall rivalisieren, wie sie auf Konkurrenten achten, sie beobachten, vergleichen, urteilen, verurteilen, gegebenenfalls verachten oder mit schnippischen Bemerkungen kommentieren. Plötzlich können sie spüren, dass sie sich durch viele Menschen, denen sie begegnen, herausgefordert fühlen, dass sie mit feinsten Emotionen reagieren und Partei ergreifen. Es ist, als ob durch das Erkennen des eigenen Rivalisierens eine neue Welt aufgehen würde. Die Menschen können dann lachen, spotten, vor allem über sich selbst. Es entsteht eine unbeschwerte, freie Stimmung, die sich auf andere Menschen überträgt.

Diese Schilderung mag etwas euphorisch klingen. Es ist häufig schwierig, zu seinen Gefühlen zu stehen. Sie werden nicht selten als Zeichen innerer Schwäche missverstanden, deren Äußerung macht Angst, die Menschen schämen sich, die betreffenden Gefühle werden deshalb aus dem Bewusstsein verdrängt und ins Vergessen versenkt. Je mehr Gefühle verdrängt und im Unterbewusstsein gefangen werden, desto mehr verhärtet sich der Charakter und desto stärker verfestigt sich die Muskelpanzerung. Wenn der Widerstand überwunden wird und die verdrängten Gefühle geäußert werden, indem man zum Beispiel über das eigene Rivalisieren redet, löst sich die zuvor in den Muskeln gebundene Energie in einem warmen Gefühlsstrom auf.

Es gibt einen Ort, an dem das offene Gespräch über Rivalität besonders wichtig ist: in der Familie. Gerade weil im Rahmen der Familiengruppe sowohl die Tiefenstrukturen des menschlichen Verhaltens als auch die Grundmuster des Rivalisierens geprägt werden, hat die freie Kommunikation, das offene Gespräch, besondere Bedeutung. Das Gespräch am Familientisch wirkt im Hinblick auf den Umgang mit den zwischenmenschlichen Beziehungen, mit Gefühlen und, allgemeiner gefasst, mit den wichtigen beziehungsweise unwichtigen Dingen des Lebens strukturbildend. Im täglichen Gespräch wird das menschliche Wissen differenziert, werden die Problemfelder und die Lösungsmöglichkeiten geistig aufbereitet. In diesem Sinne sind der Familientisch und der weitere familiäre Kreis die wichtigsten Lernfelder, sowohl für Kinder als auch für Erwachsene:

In einer Familie wurde selten über andere als religiöse Fragen diskutiert. Die Bibel war Richtschnur und Orientierungshilfe, fast in allen Dingen. In diesem Sinne galt es als unschicklich, aufzubrausen, offen die Meinung zu sagen, sich aggressiv zu wehren und Bibeltexte kritisch zu hinterfragen. Und Nächstenliebe, Demut und Gottesglaube standen in der Wertehierarchie ganz oben. Den

Kindern, vor allem den Mädchen, war diese Weltanschauung zu eng. Sie wollten tanzen und das Leben genießen, was den puritanischen Sitten und den familiären Gepflogenheiten aber diametral entgegenstand.

Als die Kinder das Pubertätsalter erreichten, spitzten sich die Gegensätze beängstigend zu. Mehr und mehr kam es vor allem zwischen dem Vater, der seine religiöse Überzeugung mit Nachdruck verteidigte, und den beiden Mädchen zu großen Spannungen, die aber unter dem Druck der autoritären Gewalt nie grundlegend diskutiert wurden – bis zu jenem Nachmittag, als es um das entscheidende Thema «Liebe und Aggression» ging. Die eine Tochter argumentierte, dass auch Jesus Gewalt angewandt hatte, als er mit geschwungener Peitsche die Krämer aus dem Tempel jagte, und der ältere Sohn merkte an, dass man sich im Leben ohne Aggression niemals durchsetzen könne. In der Folge begann das Gespräch geradezu auszuufern. Die etwas sture religiöse Haltung der Eltern wurde prinzipiell in Frage gestellt, und die Rivalität zwischen den Eltern, die für sich beanspruchten, die letzte Wahrheit zu kennen, und den Kindern, die bereit waren, diese Überzeugungen zu hinterfragen, wurde aufgedeckt und als autoritäres Muster interpretiert. Es wurde deutlich, dass die Eltern nie mehr für sich beanspruchen konnten, in grundsätzlichen ethischen beziehungsweise philosophischen Fragen von vornherein Recht zu haben. Zwar waren die Reaktionen der Eltern, vor allem des Vaters, anfänglich heftig, und die Mutter wirkte über Tage ausgesprochen niedergeschlagen, dennoch bewirkte die offene Diskussion Wunder.

Nach dieser Auseinandersetzung verbesserten sich das familiäre Gespräch und die familieninternen Beziehungen. Sowohl die Eltern als auch die Kinder konnten lernen, den Standpunkt anderer Menschen grundsätzlich zu achten und sich als Menschen gegenseitig besser zu respektieren.

Einfach anders organisieren

Familiengespräche und die Gefühle in der Familie sind meistens intim. Gleichzeitig finden sie in einem geborgenen und geschützten Rahmen statt. Dieser Schutz ist nicht selbstverständlich. Er fehlt in der Außenwelt, in Freundeskreisen, unter Mitarbeitern und in der Politik. Welche Möglichkeiten stehen aber dort zur Verfügung, dem destruktiven Rivalisieren entgegenzuwirken?

Neben den informellen Gesprächen und formellen Techniken – Supervision und Psychotherapie – gibt es auch andere Wege, auf besondere Herausforderungen, die sich durch Rivalität ergeben, angemessen zu reagieren:

Der etappenweise Vortrieb eines Eisenbahntunnelabschnitts im Lockergestein erforderte besondere stabilisierende Sicherungsmaßnahmen. Aus diesen Gründen bestand die Arbeiterschaft sowohl aus einer Gruppe gewöhnlicher Mineure als auch aus einem Trupp von besonders gut ausgebildeten Spezialtiefbauern. Während die Mineure einfache, ungelernte und durchschnittlich bezahlte Handwerker waren, setzte sich die Gruppe der Spezialtiefbauer aus qualifizierten Mitarbeitern mit einer anspruchsvollen und großzügig honorierten Spezialausbildung zusammen. Letztere wurden für die Herstellung von Sicherungsschirmen mittels spezieller Geräte, u.a. für Rohrbohrungen, Injektionen und Anker, besonders geschult. Aus diesen Gründen hatten die Spezialtiefbauer das Gefühl, etwas Besseres zu sein und besondere Privilegien in Anspruch nehmen zu dürfen.

Der Bauablauf in Zehn-Meter-Etappen wurde organisiert, indem alternierend eine Woche Spezialarbeiten ausgeführt und eine Woche am Tunnelausbruch gearbeitet wurde. Der unerlässliche Zwei-Schicht-Betrieb machte es in der Folge erforderlich, dass beide Gruppen für beide Arbeitsgattungen einsetzbar sein mussten. Somit hatten die Spezialtiefbauer während der Ausbruchwoche an der vermeintlich minderwertigen und unbeliebten Mineurarbeit mitzuarbeiten, während die Mineure in der zweiten Woche bei den anspruchsvollen Spezialarbeiten mitzuhelfen hatten. Es war deshalb absehbar, dass es im Tunnel wegen der Rivalität zwischen den beiden Gruppen früher oder später zu schweren Konflikten kommen würde.

Die erwarteten Probleme konnten rechtzeitig entschärft werden, indem der Bauleiter die beiden Arbeitergruppen bewusst durchmischte. Jeder Trupp bestand somit sowohl aus Spezialtiefbauern wie auch aus Mineuren. Die Folge war, dass die eine Gruppe schnell von der anderen lernte und dabei die unterschied-

lichen Fähigkeiten und Fachkompetenzen im Team zu nutzen und zu achten begann.

Die erzwungene Zusammenarbeit zwischen den durchmischten Berufsgruppen förderte das Entstehen von stabilen Arbeitergruppen, die sich im Schichtbetrieb regelmäßig ablösten und in allen Phasen des Bauablaufs bestens miteinander harmonierten. Deren Rivalität reduzierte sich auf einen konstruktiven Leistungswettbewerb. Zudem erwuchsen aus der intensiven Zusammenarbeit vermehrt persönliche Beziehungen und vertiefte Kollegialität. Dies führte sowohl zur weiteren Stabilisierung des inneren Gruppengefüges als auch zur Stärkung des Zusammengehörigkeitsgefühls.

Mit Hilfe eines Beraters

Eine andere Möglichkeit, das Gespräch über Rivalität erfolgreich zu führen, besteht in der Hilfe eines externen Experten beziehungsweise Supervisors. Was bedeutet aber Supervision? Der Begriff leitet sich von dem lateinischen Präfix «super» sowie dem Wort «visio» ab, die auf Deutsch «über» und «Blick» bedeuten. Setzt man die beiden Worte zusammen, ergibt das «Überblick». Der etwas modernere Begriff «Coaching» bezeichnet eine spezielle Art von Supervision in nichtsozialen beruflichen Bereichen.

Ein Supervisor soll im Rahmen einer engagierten Diskussion einen unabhängigen, also übergeordneten Standpunkt vertreten und den Überblick bewahren. Das ist deswegen sinnvoll, weil sich die direkt beteiligten Menschen als Teilnehmer einer lebendigen Gruppendynamik emotional nicht abgrenzen können. Sie drohen innerhalb eines Teams, wie schon oben dargestellt, im Rahmen ihrer Übertragungen in die Tiefenstruktur des Beziehungsnetzes verstrickt zu werden und damit ihre emotionale Unabhängigkeit zu verlieren. Da dieser Prozess zum größten Teil unbewusst abläuft, besteht auch keine Möglichkeit, dieser Verwicklung zu entgehen. Deshalb empfiehlt sich in der Regel die Hinzunahme einer unabhängigen beziehungsweise externen Fachperson.

Supervision kann in verschiedenen Formen durchgeführt werden. Grundsätzlich gibt es die Einzel- und Gruppensupervision:

Bei der Einzelsupervision bearbeitet eine einzelne Person ihre persönlichen und beruflichen Probleme mit Hilfe eines erfahrenen und beruflich unabhängigen Supervisors. Diese Art von Supervision findet in der Regel in der persönlichen Praxis des Supervisors statt.

Die Gruppensupervision kann sowohl in der Praxis des Supervisors als auch am Arbeitsort des Teams stattfinden. An der Gruppensupervision nimmt das vollständige Team geschlossen teil, weil die Mitarbeitergruppe als Ganzes, als einheitlich funktionierendes, gruppendynamisches System aufgefasst wird.

Sowohl die Einzel- als auch die Gruppensupervision werden in der Regel wöchentlich, vierzehntägig, monatlich oder in größeren Abständen durchgeführt. Dabei werden die tiefer liegenden emotionalen Probleme der betreffenden Personen, die umfeldbezogenen Einflussfaktoren und die Hintergründe der Institution im Anschluss an eine arbeitsplatzbezogene Fallschilderung analysiert. Nach dieser fallbezogenen Analyse werden in kollegialer Atmosphäre Lösungsvorschläge erarbeitet und mögliche Interventionsstrategien gegebenenfalls im Rahmen eines Rollenspiels eingeübt.

Das Beispiel einer kleinen Transportabteilung einer größeren Druckerei (vgl. auch Oehler, 1999) belegt die mögliche emotionale Verwirrung und die organisatorische Kollision eines unbewussten Beziehungskonflikts:

Die Abteilung war für den Einsatz sowie für die Ausbildung der Chauffeure und für den Unterhalt der Fahrzeuge zuständig und bestand aus dem einundsechzigjährigen Transportchef, einem neu angestellten sechsunddreißigjährigen Disponenten und einer achtundfünfzigjährigen Sekretärin. Der neu angestellte Disponent war seit mehreren Jahren Mitglied einer psychoanalytisch arbeitenden Supervisionsgruppe, was ihn bewog, den folgenden Fall vorzutragen:

Dem Disponenten wurde schon bei seiner Anstellung signalisiert, dass er ein schwieriges Erbe anzutreten habe. Das Scheitern seines Vorgängers sei kein gutes Omen.

Tatsächlich schlug ihm schon am ersten Arbeitstag eine Welle von heftiger Ablehnung entgegen. Der Chef machte aus seinem Misstrauen keinen Hehl, und die Sekretärin «saß wie auf Nadeln» –

sie schien die persönliche Nähe des neuen Mitarbeiters nicht zu ertragen. Sie explodierte beim kleinsten Anlass, empörte sich über jede Unregelmäßigkeit und lief beim geringsten Fehler zu ihrem Vorgesetzten, der in der Folge den verängstigten Disponenten erbost zur Rede stellte.

Die Arbeitssituation des Disponenten und die Rivalität mit der Sekretärin wurde in der Supervisionsgruppe ausführlich diskutiert und die spärlich vorhandenen Informationen entsprechend abgewogen. Die fachliche Kompetenz der Gruppenmitglieder machten es aber möglich, den gruppendynamischen Sachverhalt fast lückenlos aufzuklären. Die Analyse der Situation brachte folgendes Ergebnis zutage:

Die Sekretärin war eine langjährige Mitarbeiterin des Betriebes, die alle Tätigkeiten bestens kannte. Sie vertrat bei Abwesenheit sowohl den Chef als auch den Disponenten kompetent. Privat war sie aber einsam und unglücklich. Ihre Ehe war vor Jahren geschieden worden, und mit ihrer Familie, vor allem mit ihren Brüdern, lag sie im Streit. Sie fühlte sich durch die Neueinstellung sowohl in ihrer beruflichen Stellung als auch in ihrem einzigen noch intakten Lebensbereich zunehmend verunsichert.

Sie übertrug ihre Rivalität mit ihrem jüngeren Bruder auf den Disponenten und die Ablehnung des Vaters auf den Chef. Und diese Übertragung löste beim Disponenten eine Gegenübertragung aus. Die Sekretärin erinnerte ihn an seine etwas überstrenge Mutter.

Da sich sowohl der Chef als auch der Disponent nicht gegen die heranflutende Wut zur Wehr setzen konnten, geriet die Sekretärin unbewusst zur gruppendynamischen Leiterin und der Disponent zum Sündenbock der Transportabteilung. Die Sekretärin war es, die entschied und den Umgangston bestimmte.

Das Beispiel zeigt auf eindrückliche Weise, wie eine verworrene Konfliktsituation und ein agierendes Rivalisieren in der Gruppe in relativ kurzer Zeit analysiert werden können. Die Einsicht in die Zusammenhänge ermöglichte es dem Disponenten, die Situation in der Transportabteilung intellektuell und gefühlsmäßig besser zu verstehen und daraus seine persönlichen Konsequenzen zu ziehen. Er kündigte die Arbeit und suchte sich eine andere Stelle, die ihm sowohl von seinen Fähigkeiten her als auch im Hinblick auf das Umfeld besser zusagte.

Wenn es darum geht, schwerere interne Rivalitätskonflikte in einem bestehenden Team anzugehen, stößt die übliche Form von Supervisionsarbeit an ihre Grenzen. Nicht selten sind einzelne Teammitglieder nicht bereit, ihre Rivalitätsprobleme im Rahmen der eigenen Mitarbeitergruppe offen aufzudecken. Es fehlt an gegenseitigem Vertrauen und an der Sensibilität für Gruppenprozesse. Aus diesen Gründen werden auf Grund der enttäuschenden Erfahrungen entweder die hoch gesteckten Erwartungen langsam heruntergeschraubt, oder die Gruppe wird in eine Trainingseinheit umfunktioniert. Der Supervisor mutiert dann zum «Trainer» und übernimmt entgegen der früheren Absicht die gruppendynamische Leitung der Gruppe. Ein solcher Supervisor ist dann nicht mehr ein unabhängiger externer Experte, sondern wird zum internen verantwortlichen «Leiter» einer Trainingsgruppe. In solchen Trainingsgruppen können anhand modellhafter gruppendynamischer Spiele einzelne gruppenspezifische Fertigkeiten eingeübt und fortentwickelt werden. Wenn aber an der ursprünglichen Absicht festgehalten wird, die wirklichen Ursachen der unbewussten Rivalitätskonflikte aufzuklären, dann liegt es nahe, eine andere beziehungsweise intensivere Art der Supervision ins Auge zu fassen.

Diese bietet sich in der Form der berufsspezifischen Selbsterfahrungsgruppe an. Die Selbsterfahrungsgruppen treffen sich in der Regel auf freiwilliger Basis, in gleicher Zusammensetzung, regelmäßiger und häufiger als die normalen Supervisionsgruppen. Im Unterschied zur Supervisionsgruppe, deren Zusammensetzung sich aus dem bestehenden Arbeitsfeld ergibt, werden die Selbsterfahrungsgruppen vom Trainer frei zusammengestellt. Sie unterliegen einem strengeren Reglement und stehen wie die Supervisionsgruppen unter der Leitung einer unabhängigen, externen und beruflich qualifizierten Fachperson. Im Gegensatz zum Supervisor muss aber der Leiter einer berufsspezifischen Selbsterfahrungsgruppe psychoanalytisch und gruppendynamisch geschult sein. Unter diesen Bedingungen kann ein geschützter Raum für einen dynamisch sich entwickelnden Gruppenprozess entstehen, der die Voraussetzungen für das notwendige gegenseitige Kennenlernen und für ein tiefes Vertrauen schafft. In dieser Gruppenatmosphäre ist dann auch die Arbeit mit dem so genannten Spiegelungsphänomen möglich, bei dem sich die geschilderte Fallsituation des Vortragenden im «Hier und Jetzt» der Gruppe abbildet. Im Rahmen dieser Spiegelung im Kreis der Gruppenmitglieder können die Rollen sowie Gefühle der besprochenen Personen deutlicher wahrgenommen und klarer ausgedrückt werden, was in der Regel zu wertvollen bzw. hilfreichen Einsichten in die eigene Psychodynamik führt. Rivalitätskonflikte zwischen Mitarbeitern werden dann in der Selbsterfahrungsgruppe eins zu eins nachempfunden, nachgespielt und analysiert.

Die berufsspezifischen Selbsterfahrungsgruppen können sowohl homogen als auch heterogen zusammengesetzt sein. Eine homogen zusammengesetzte berufsspezifische Selbsterfahrungsgruppe stellt zum Beispiel die Ärztebalintgruppe dar. Die Theorie der Balintgruppe wurde vom ungarischen Arzt und Psychoanalytiker Michael Balint entwickelt. Die Ärztebalintgruppe wird in der Regel von einem Arzt oder einer Ärztin geleitet, der oder die für diese Aufgabe speziell ausgebildet wurde. Eine Balintgruppensitzung beginnt in der Regel mit der Vorstellung eines Patienten durch den behandelnden Arzt. Im Schutz der kollegialen Atmosphäre werden die unbewussten Übertragungen zwischen dem Patienten und dem Arzt und die Gegenübertragungen zwischen dem Arzt und dem Patienten aufgedeckt und analysiert. Erfahrungsgemäß wirkt die Klärung der unbewussten Übertragungsmuster positiv auf den Heilungsverlauf der Patienten und erhöht die berufliche Kompetenz der beteiligten Ärzte.

Balintgruppen sind auch für andere Berufsgruppen denkbar, zum Beispiel für Lehrer, Juristen, Krankenschwestern, Krankenpfleger oder Sozialarbeiter. Bei heterogen zusammengesetzten berufsspezifischen Selbsterfahrungsgruppen können viele Berufsgruppen in einer einzigen Gruppe zusammengefasst sein. Die berufliche Durchmischung wirkt sich trotz vieler Bedenken auf das Arbeitsergebnis vorteilhaft aus, weil sich einerseits die grundlegenden Konfliktmuster in allen Berufsfeldern gleichen und weil sich zweitens die unterschiedlichen Erfahrungen der beteiligten Menschen auf die Breite und die Qualität der Konfliktbearbeitung fruchtbar auswirken.

Mit professioneller Hilfe

Es gibt Verhaltensweisen – zum Beispiel extrem destruktives Rivalisieren –, die sozial auffällig oder unangepasst sind und die die Lebensqualität der Menschen und das Zusammenleben in einer Gemeinschaft entscheidend einschränken. Aus diesen Gründen kann der Wunsch aufkommen, dieses Fehlverhalten im Rahmen einer Psychotherapie zu korrigieren.

Eine psychische Krankheit betrifft in der Regel den ganzen Menschen und schließt sowohl das konkrete Verhalten, die Gefühle, die Einstellungen als auch das Rivalisieren ein. Letzteres stellt dann nur ein Teilsegment der Symptomatik dar. Das krankhaft-destruktive Rivalisieren bleibt aber mit den anderen Ich-Strukturen eng verknüpft und lässt sich nicht vom Gesamtverhalten trennen. Im Gegenteil, es bleibt integraler Teil der ganzen Persönlichkeit.

Aus diesen Gründen ist es weder möglich noch sinnvoll, das Rivalitätsverhalten abzuspalten und getrennt von der Gesamtpersönlichkeit therapeutisch anzugehen. Zwar gibt es psychotherapeutische Methoden, zum Beispiel die Verhaltenstherapie, die sich auf die Veränderung eines einzelnen isolierten Symptoms konzentriert, doch bei diesen Symptomen handelt es sich meist um sehr auffällige und klar definierte Erscheinungsbilder wie Raumangst, Platzangst, Prüfungsangst oder Essstörungen. Die Rivalität stellt aber ein komplexes Sozialverhalten dar, das mit vielen Gefühlen, Bedürfnissen, kognitiven Komponenten und sozialen Faktoren in Wechselwirkung steht. Deshalb ist es kaum angezeigt, das Rivalitätsverhalten als isoliertes Symptom direkt zu behandeln. Es sind demnach der Mensch und sein Verhalten als Ganzes, die betrachtet werden müssen.

Eine psychotherapeutische Behandlung findet in der Regel entweder einzeln oder in der Gruppe statt. In der Einzelpsychotherapie steht dem Klienten unbegrenzt viel Zeit zur Verfügung, um zum Therapeuten eine vertrauensvolle, zuverlässige und stabile Beziehung aufzubauen. Die Vertrautheit dieser Beziehung führt nach einiger Zeit zu einer generalisierten Stärkung des Selbstwertgefühls, des Selbstbewusstseins und der Selbstsicherheit. Im Rahmen dieses unspezifischen Aufbaus der wichtigsten

Ich-Funktionen verringern sich der innerpsychische Druck und damit das unentwegte Kämpfen um Anerkennung, Liebe und Geborgenheit. Damit verliert die Rivalität ihren zwanghaften Charakter und wird einer relativierenden Einsicht zugänglich.

Die Einzeltherapie findet im Schutz einer geborgenen Zweierbeziehung statt. Dies hat den Vorteil, dass die Heilung relativ ungestört von äußeren Einflüssen langsam fortschreiten kann. Im Gegensatz zur Einzeltherapie finden in der Gruppe lebendige Interaktionen und heftige Auseinandersetzungen statt. Die Klienten müssen wie im Leben lernen, sich in einer Gruppe zu behaupten und um den Platz zu kämpfen. Die Gruppentherapie setzt deshalb Ich-Stärke voraus, die hin und wieder in einer vorgängigen Einzeltherapie erst aufgebaut werden muss. Die Gruppentherapie hat aber den Vorteil, dass in der Gruppe zahlreiche soziale Fähigkeiten erprobt, eingeübt und gelernt werden können, die in der Einzeltherapie nur begrenzt veränderbar sind.

Männer sind mir gleichgültig

In der psychotherapeutischen Gruppe sagte eine neununddreißigjährige Sozialarbeiterin, dass es sie sehr beunruhige, dass ihr die männlichen Gruppenmitglieder völlig gleichgültig seien. Es kümmere sie wenig, wenn ein Mann unentschuldigt fehle, wenn einer von ihnen krank sei, gar Interesse an ihr zeige oder aus der Gruppe austrete. In einem Gespräch mit einer anderen Gruppenteilnehmerin sei ihr dann plötzlich klar geworden, dass ihre Gleichgültigkeit nicht «angemessen», nicht «normal» sei. Sie spüre ihr Desinteresse auch im Privatleben und am Arbeitsplatz. Niemals würde sie einen Arbeitskollegen grüßen oder gar ansprechen, während sie mit ihren Kolleginnen wie selbstverständlich einen herzlichen Kontakt pflege. Sie habe zudem das Gefühl, dass ihr Abseitsstehen auch mit der Tatsache zusammenhänge, dass sie bis heute keinen Lebenspartner habe.

Die Aussagen der Teilnehmerin wurden in der Gruppe eingehend diskutiert, die Männer bestätigten das Gesagte. Das abweisende Verhalten sei ihnen mehrfach aufgefallen und könnte als destruktive Rivalität aufgefasst werden. Einer der Männer hatte sich zudem sehr verletzt gefühlt. Schließlich wurde die heikle Frage nach den Ursachen dieses Desinteresses aufgeworfen, und es wurden mehrere Hypothesen diskutiert. Plötzlich erkannte die Sozialarbeiterin, von Schmerz bewegt, den wahren Zusammenhang. Es wurde ihr bewusst, dass sie zu ihrem Vater und zum eigenen Bruder nie einen engen Kontakt gefunden hatte. Schon während der Kindheit habe sie vielfach mit dem Bruder rivalisiert und heftig gestritten.

Zwar konnte mit dieser Erkenntnis eine erste Ursache der gruppeninternen Ablehnung aufgedeckt werden, dennoch war nicht verständlich, warum es in der Kindheit nie zu einem engeren Kontakt zwischen ihr und dem Bruder gekommen war. Der Therapeut äußerte die Vermutung, dass die Geschwister unbewusst die destruktive Rivalität zwischen den Eltern ausagierten. Die Sozialarbeiterin war tief betroffen. Sie konnte den Zusammenhang zwischen den Spannungen zwischen Vater und Mutter und der Streitsucht der Geschwister deutlich erkennen und diese Deutung emotional bewegt annehmen. Sie spürte den spontanen Wunsch, mit dem Bruder zu reden.

Dieses Beispiel zeigt sehr eindrucksvoll die Arbeitstechnik der Gruppenpsychotherapie. Sowohl das Problem als auch die Problemlösung beginnen sich während der Gruppensitzung langsam zu entfalten:

- In einem ersten Schritt werden die Beziehungen zwischen den Gruppenmitgliedern angesprochen und eingehend diskutiert. Dabei wird das Gruppenthema Schritt für Schritt entwickelt. Im vorliegenden Beispiel ging es darum, die destruktive Rivalität, wie sie sich zwischen den Gruppenmitgliedern darstellte, aufzuzeigen und deutlich wahrzunehmen.
- In einem zweiten Schritt wird das Problem, wie es sich in der Gruppe zeigt, generalisiert und auf andere Lebensbereiche, zum Beispiel die Schule, den Arbeitsplatz oder den Freundeskreis, übertragen. Auf das Beispiel bezogen bedeutete das, denselben Prozess, wie er in der Gruppe sichtbar wurde, als allgegenwärtigen, destruktiven Rivalitätskonflikt zu erkennen.
- In einem dritten Schritt werden die familiären Ursachen auf mehreren Ebenen analysiert. In diesem Fall konnte der Zusammenhang zwischen der destruktiven Rivalität in der Gruppe mit der kindlichen Rivalität zwischen den Geschwistern und

letztlich mit der Rivalität zwischen Vater und Mutter aufgezeigt werden.

- In einem vierten Schritt werden Lösungen gesucht und in der Gruppe diskutiert. Für den vorliegenden Fall bedeutete das, dass der Sozialarbeiterin gangbare Möglichkeiten vorgeschlagen wurden, mit dem Bruder beziehungsweise mit den Eltern wieder in Kontakt zu kommen.

Durch solche Gespräche erfahren die Gruppenmitglieder, dass ihre Probleme ernst genommen und verstanden werden. Das Verständnis stärkt den inneren Zusammenhang zwischen den Gruppenmitgliedern und erhöht den Energiepegel in der Gruppe, was den Teilnehmern ein zunehmendes Gefühl der Sicherheit und Geborgenheit vermittelt. Diese Gefühle, diese Gespräche sowie Diskussionen und der Gruppenprozess als Ganzes können von den Gruppenmitgliedern als korrigierende, ich-stärkende Erfahrungen in die Ich-Struktur integriert werden.

Destruktive Rivalität – wie kann ich mich wehren?

In einem Umfeld, das von destruktiver Rivalität geprägt wird, kann man nicht überleben, nicht atmen, ohne Schaden zu nehmen. Es ist, als ob das tödliche Gift der Destruktivität sich langsam ausbreiten, in alle Ritzen eindringen und alles Leben zerstören würde. Aus diesen Gründen ist es wichtig, sollte man unverhofft in eine destruktive Gruppendynamik hineingeraten, dass man Überlegungen anstellt und Maßnahmen ergreift, um die bedrohliche Situation zu ändern. Es ist nicht möglich, nichts zu unternehmen und schadlos zu bleiben!

- Auf einer ersten Stufe kann man versuchen, die Quelle der destruktiven Rivalität zu orten, zu lokalisieren und zu analysieren. Von welcher Person, von welcher zwischenmenschlichen Konstellation, von welcher organisatorischen Position geht die destruktive Aktivität aus? Handelt es sich um eine vorgesetzte Person, um einen Menschen auf gleichgestellter Ebene oder um einen unterstellten Mitarbeiter? Inwiefern ist man von dieser Person direkt oder indirekt abhängig?

Meistens ist es schwierig, die verursachende Person klar zu erkennen. Jede Aktion hat bei allen anderen Menschen Gegenreaktionen zur Folge. Aus einfachen Aktionen entstehen komplizierte zwischenmenschliche Konfliktkonstellationen.

Vor der Einstellung des neuen Arbeitskollegen bestanden im Fertigungsbereich der Maschinenfabrik eine freundschaftliche Arbeitsatmosphäre und eine kollegiale Zusammenarbeit. Während der Mittagspause saß man in der Kantine vertraut zusammen und spielte seinen täglichen Skat. Das Leben nahm seinen Lauf, gut und unbeschwert. Jeden Morgen konnte man sich auf den friedlichen und unterhaltsamen Mittagstisch freuen.

Aber plötzlich war es mit dem gewohnten Frieden vorbei. Die Angestellten litten unter dem selbstsüchtigen Gehabe des neuen Mitarbeiters. Dieser war ehrgeizig, einschmeichelnd und aufwieglerisch. Man musste Vorsicht walten lassen und sich in Acht nehmen.

Gleichzeitig sprach man auch umgekehrt nur geringschätzig über den «Neuen», übte Kritik und äußerte Unmut. Bald war für Außenstehende nicht mehr klar zu erkennen, wer die Probleme erstmals verursacht hatte und von wem die Veränderungen anfänglich ausgingen.

Wer hat den ersten Stein geworfen?

Wenn diese Frage geklärt ist, können Überlegungen angestellt werden, was man selber kurz- oder langfristig ändern soll. Kann ein offenes Gespräch, eine freundschaftliche Aussprache, eine dienstliche Unterredung oder eine harte Konfrontation Abhilfe schaffen?

• Auf einer zweiten Stufe muss man handeln. Entweder gelingt es, sich zu wehren, oder aber man muss kollegiale bzw. fachkompetente Hilfe holen. Oftmals besteht im Rahmen der arbeitsrechtlichen Vereinbarungen, vor allem im Sozialbereich, die Möglichkeit, Supervision oder entsprechend andere interne oder externe Hilfen anzufordern. Vielleicht kann es vorübergehend auch nützlich sein, sich im Rahmen einer gezielten Intervention psychologisch beraten oder therapeutisch behandeln zu lassen.

Im vorliegenden Beispiel gab es weder eine schnelle Lösung noch ein gefälliges Rezept. Der Neue wurde wegen seines Übereifers von oben gedeckt, und ein vertrauliches Gespräch unter sechs Augen fruchtete nichts. Im Kollegenkreis bildeten sich nach und nach verfeindete Gruppen, und eine lähmende «Vogel, friss oder stirb»-Stimmung breitete sich aus. An regelmäßige Mitarbeitergespräche war nicht zu denken, weil solche erstens in der Fabrikation nicht üblich und zweitens vom neuen Mitarbeiter entschieden abgelehnt wurden. Gelegentlich kam es zu direkten Konfrontationen, bei denen die Fetzen flogen und die wenigstens vorübergehend Erleichterung brachten.

- Wenn diese Maßnahmen fehlschlagen, bleibt drittens nur noch die innere beziehungsweise äußere Emigration übrig. Vielleicht lassen es die organisatorischen Umstände zu, dass der persönliche Kontakt im Rahmen der bestehenden beruflichen sowie persönlichen Beziehung auf ein Minimum reduziert oder ganz abgebrochen wird. Vielleicht bleiben aber nur die Kündigung, eine schmerzliche Trennung oder die endgültige Scheidung übrig.

Was die Situation in der Fabrik betrifft, so ist der Fortgang schnell erzählt. Die alten Kollegen verließen nach und nach die Abteilung, diejenigen, die blieben, trauerten etwas wehmütig den verlorenen Zeiten nach.

Die Erfahrungen zeigen, dass es in der Regel besser ist, destruktive Verstrickungen entschlossen zu lösen. Seien es berufsbezogene Arbeitsverhältnisse, Abhängigkeiten, Unvereinbarkeiten, die sich im Nachhinein als destruktiv erweisen, seien es private Situationen, Freund- oder Partnerschaften, die sich in destruktiver Weise offenbaren, immer bringt das scheinbar geduldige Ausharren in unbefriedigenden Lebensumständen auf Dauer mehr Nach- als Vorteile. Meistens muss das Nichtändern der destruktiven Lebenssituation mit psychosomatischen Beschwerden, depressiven Verstimmungen, suizidalen Gedanken, Sinnlosigkeitsgefühlen und Lebenskrisen bezahlt werden. Eine Trennung kann zwar kurzfristig mehr Angst, Schmerz und Schrecken bedeuten, auf Dauer öffnet sie aber Räume für existenzielle Neuorientierung und persönliche Weiterentwicklung.

Jetzt stellt sich noch die etwas heikle Frage, wie man sich verhalten soll, wenn man unvermutet realisiert, dass man selber Täter ist, dass man selber destruktiv rivalisiert.

Das Problem provoziert sofort weitere Fragen: Bin ich bereit, mich dieser Einsicht zu stellen und mein Verhalten entsprechend zu ändern? Oder kann ich es mit meinem Gewissen vereinbaren, mit dem destruktiven Rivalisieren fortzufahren?

Im ersten Fall mag schon die Einsicht, dass ich selber destruktiv reagiere, die Hälfte der Veränderung ausmachen. Es bleibt dann nur noch übrig, mich mit den Konsequenzen sowohl für meine eigene Person als auch für den Rivalen auseinander zu setzen, neue Verhaltensweisen zu überlegen, mich gegebenenfalls mit Freunden oder einem professionellen Experten zu beraten und mein Verhalten zu verändern.

Im zweiten Fall, wenn ich nichts ändern will oder nicht in der Lage bin, von meinem destruktiven Agieren abzulassen, droht das Problem zu eskalieren. Unter Umständen gibt es andere Wege, sich mit seinen unbewältigten Problemen auseinander zu setzen oder erfolgreichere Strategien zu erlernen. Möglicherweise sollte sich die Person ernsthaft überlegen, ob sie professionelle Hilfe in Anspruch nehmen will.

Defizitäre Rivalität –
unter dem Deckmantel des Schweigens!

Menschen, die defizitär rivalisieren, sind im Allgemeinen ruhig und unauffällig. Ihr Rivalisieren geht weniger auf Kosten anderer Menschen, sie schaden in erster Linie sich selber. In diesem Sinne ist die Zusammenarbeit mit defizitär reagierenden Menschen eher unproblematisch.

Trotzdem gelten diese Menschen meist als schwierig, denn man weiß nie so recht, was sie eigentlich denken. Wenn sie sich verletzt wähnen, reagieren sie unberechenbar. Da man die Ursachen für die plötzlichen Verstimmungen aber meistens nicht kennt, ist man auf Mutmaßungen und Fantasien angewiesen. In der Regel ist man gezwungen, die Initiative selber zu ergreifen. Man muss bereit sein, die Führung zu übernehmen, denn es ist ja gerade das Problem dieser Menschen, dass sie weder als Erste reden noch sich verteidigen können. Die Konflikte spielen sich in erster Linie in ihren Köpfen ab. Dort stehen ihre Gefühle, ihre Wut und ihre Sehnsüchte im inneren Widerstreit mit ihren Ängsten und Zweifeln.

Strukturelle Rivalität – steter Tropfen höhlt den Stein

Gegen die Veränderung der in den gesetzlichen Strukturen innewohnenden Rivalität bzw. der destruktiv-strukturellen Rivalität, die sich hinter den Denkgewohnheiten und Werten der Menschen verbirgt, stemmen sich in der Regel die Wertvorstellungen aller Gesellschaftsschichten. Diese Strukturen sind Ausdruck des Denkens und Wertens der ganzen Gesellschaft und sind das Ergebnis jahrhunderte-, ja jahrtausendelanger großgruppendynamischer Entwicklungsprozesse. Aus diesen Gründen lassen sich Änderungen nur langsam und in Wechselwirkung mit dem Wandel gesamtgesellschaftlicher Normen, Sitten und Gebräuche vollziehen.

Nicht selten sind es sensible Randgruppen wie Künstler und Schriftsteller, mutige Journalisten, wütende Studenten oder Jugendliche, die als Erste die in den Strukturen verborgenen Widersprüche spüren und gängige Werte grundlegend in Frage stellen. Die Wut, zum Teil auch die destruktive Aggression, der Aufständischen, Protestierenden und Rebellen stellt meistens die zwar etwas verzerrte, im Grunde aber «gesunde» Gegenaggression auf die in den Strukturen verborgene destruktive Rivalität dar. Sie machen die Ungerechtigkeiten in den scheinbar gerechten bzw. seit alters geltenden Verhältnissen nach außen hin sichtbar und öffentlich.

In der Regel wird die in den Denkgewohnheiten oder auch die in den Gesetzestexten gebundene Aggression in dem Augenblick frei, da es gelingt, die Ungerechtigkeit der Gesetze beziehungsweise Gewohnheiten transparent und für die betroffenen Menschen sichtbar zu machen. Die Aggression der herrschenden Institutionen richtet sich dann als Erstes gegen die Tabubrecher, die der Verletzung «heiliger Grundsätze», der Regeln des Anstandes bezichtigt werden:

So wurden die aufständischen UCK-Rebellen, die mit Waffen-gewalt die bestehende mazedonische Verfassung in Frage stellten und die darauf hinwiesen, dass die albanische Minderheit extrem benachteiligt sei, «Strauchdiebe» genannt. So heißt es bei D. Straub (2000): «Obwohl die Albaner knapp ein Drittel der zwei Millionen Einwohner stellten, wurden sie weder in der Verfassung als staatsbildendes Volk erwähnt, noch war Albanisch (offizielle) Amtssprache. Und in den Religionsartikeln der Verfassung war ... nur von der orthodoxen Kirche die Rede, obwohl die meisten Albaner Moslems sind.»

Die Anliegen der albanischen Minderheit wurden seit Jahren ignoriert, und man stellt sich mit Recht die Frage, welche der rivalisierenden Bevölkerungsgruppen mehr Destruktivität an den Tag legt, die slawische, sich eher bedeckt verhaltende Mehrheit oder die aufrührerische albanische Minderheit. Auch in diesem Fall liegt die primär destruktive Gewalt in der Struktur der gesetzlichen Regelungen und im politischen Verhalten der eth-nischen Mehrheit begründet. Es ist deshalb mehr als zynisch, die Bereitschaft zu Verhandlungen vom Stopp der Gewaltan-wendung abhängig zu machen. Denn: Welche Gewalt ist hier eigentlich gemeint? Die destruktiv offene oder die destruktiv ver-steckte?

Mit dieser Forderung nach einem Stopp der Gewaltanwendung wird einmal mehr die offene Gewalt der Aufständischen und nicht die versteckte Aggression der Herrschenden angeprangert. Zudem schien es wie schon in Bosnien das erklärte Ziel der sla-wischen Mehrheit zu sein, ethnisch reine Gebiete zu schaffen. Aber die Rivalität zwischen den Ethnien ist nicht zu lösen, indem man bunt durchmischte Gebiete, die sich in ihrem mannigfaltigen Zusammenleben über viele Jahrtausende gebildet haben, einfach säuberlich zu trennen. Ethnisch einheitliche Gebiete sind unna-türlich und in der Regel nur durch Krieg zu schaffen. Früher oder später werden sich alle Gebiete im Rahmen der natürlichen Be-völkerungsfluktuation wieder vermischen. Aus diesen Gründen gibt es nur einen gangbaren Weg, um ethnisch bedingte Riva-litätskonflikte aus der Welt zu schaffen: durch Zusammenarbeit und Verhandeln, durch das Erlernen der hohen Kunst eines fried-wie auch respektvollen sozialen Zusammenlebens!

Es geht nicht nur um die Anpassung der Verordnungen und Gesetze, sondern um die stete Wahrung der ethischen Glaubwürdigkeit und die Fortentwicklung der dem politischen Handeln zu Grunde liegenden Denkmuster und Wertvorstellungen. Dabei stellen sich immer wieder Fragen sowohl nach der Gerechtigkeit als auch nach der politischen Billigkeit, wobei die Vorherrschaft zwischen diesen Richtzielen immer neu abgewogen und ausbalanciert werden muss. Da sich sowohl die Randbedingungen des Denkens und Handelns als auch die Rechtsvorstellungen in Abhängigkeit vom gesamtgesellschaftlichen Wandel dauernd verändern, muss einer drohenden Verfestigung der gesetzlichen Strukturen laufend Einhalt geboten und politisch aktiv entgegengewirkt werden. Das Verharren in einem starren Konservatismus ist für eine Gesellschaft ebenso gefährlich wie der gewaltsame Umsturz einer etablierten Macht- beziehungsweise Werthierarchie.

Ein interessantes Beispiel für die kontinuierliche Veränderung eines Wert- oder Machtmusters stellt die weltweite Auseinandersetzung um die Gleichberechtigung der Frau und speziell der Kampf um das Frauenstimmrecht dar. Wie kann der zweifellos gerechte Gleichberechtigungswunsch der Frauen in einem Staat durchgesetzt werden? Müssen sich diese Rechtsempfindungen aus dem allgemeinen Denken des Volkes heraus entwickeln, oder kann die Gleichstellung der Geschlechter von einer Regierung über die Köpfe der Menschen hinweg verordnet werden?

Ein eindrückliches Beispiel bietet die Schweiz: Die Einführung des Frauenstimmrechts wurde von konservativen Kreisen über viele Jahrzehnte hinweg verhindert. Jahr um Jahr scheiterten die zahlreichen Vorstöße und Initiativen am Widerstand bestimmter Bevölkerungsgruppen. An erster Stelle waren es dann in den sechziger Jahren des letzten Jahrhunderts einzelne Kantone, die den Damm zum Bersten brachten und das Frauenstimmrecht vorerst auf kantonaler Ebene einführten, bis schließlich der gesamtschweizerische Durchbruch 1971 vollends gelang. Zu jener Zeit kannten in Europa neben der Schweiz nur Portugal und das Fürstentum Liechtenstein kein Frauenstimmrecht.

Ein anderes Beispiel stellen Länder dar, in denen das Frauenstimmrecht gegen die Überzeugung der um ihre Privilegien fürchtenden Männergesellschaft diktatorisch aufgezwungen wurde. In

diesen Staaten kam es in einigen Fällen zu reaktionären Gegen-
bewegungen, die die scheinbar erreichten Fortschritte mit einem
brutalen Wisch vom Tisch fegten. In Persien und Afghanistan
führten diese Reaktionen – zumindest vorübergehend – zu einer
gravierenden Verschlechterung der Stellung der Frau.

Anscheinend muss ein Mittelweg gegangen werden, wenn bedeutende Veränderungen im Denken großer Gruppen erreicht werden sollen. Aus diesen Gründen müssen die gesellschaftlichen Veränderungen fortwährend beobachtet, neu gewertet und relativiert werden. So können sich die langsamen, die bedachtsamen Veränderungen der ethischen Überzeugungen, der gesetzlichen Normen und der politischen Ziele zur Grundlage einer dynamischen Gesellschaft herauskristallisieren, die es vermag, für die Bevölkerung zu jedem Zeitpunkt ein Optimum an gesellschaftlicher wie auch individueller Bedürfnisbefriedigung zu gewährleisten.

Zusammenfassend gibt es folgende Möglichkeiten, auf die Veränderung der destruktiven strukturellen Rivalitätsmuster innerhalb des Wandels der gesellschaftlichen Verhältnisse einzuwirken:

Die Macht der Medien

In vielen wissenschaftlichen Untersuchungen (vgl. auch Oehler, 1977) konnte überzeugend nachgewiesen werden, dass die Grundüberzeugungen der Menschen in der Regel stabil sind, dass sie aber durch entsprechende Informationen, die zum Beispiel durch Bücher, Abhandlungen, Zeitschriften, Filme und durch das Fernsehen vermittelt werden, langfristig beeinflusst werden. So verändert die stete Berieselung mit neuen Informationen unsere Einstellungen und Gefühle. In dieser Hinsicht erfüllen die Informationsmedien eine wichtige gesellschaftspolitische Funktion. Aber die ganz persönlichen, innersten Überzeugungen entwickeln gegen Beeinflussungsversuche einen starken Widerstand und erweisen sich in der Regel als resistent. In diesen Fällen können Einstellungsänderungen nur bewirkt werden, wenn die die individuellen Einstellungen stützenden spezifischen Abwehrstrukturen analysiert und in ihrer Widerstandsfunktion erkannt werden.

Die Schule ist die Schule der Nation

Gesellschaftlich verankerte Einstellungen und Denkmuster können insbesondere während der Kindheit im Rahmen der schulischen Sozialisation sowohl aufgebaut als auch verändert werden. Kinder befinden sich im Hinblick auf den Aufbau geistiger Strukturen in einer sensiblen Entwicklungsphase. Im Rahmen ihrer emotionalen Bindungswünsche orientieren sie sich beispielsweise stark am Lehrstoff der Schule und an den Werten, die die Lehrer vermitteln. Die Lehrer sind Vorbilder, die von den Schülern als verhaltenswirksame Modelle geistig und emotional verknüpft und verinnerlicht werden. In diesem Sinne kommen der Lernzielermittlung, der Lehrplangestaltung und der Lehrerbildung eine wichtige und unmittelbare einstellungsbildende beziehungsweise einstellungsändernde Funktion zu.

Die Veränderung von Einstellungen durch politisches Handeln

In der Regel bringen jede Änderung der bestehenden Werte- beziehungsweise Machtordnung eine emotionale Verunsicherung und einen Abbau von Privilegien bestimmter Gruppen mit sich. Letztere pflegen sich gegen den Verlust ihrer Vorrechte – sei es nun gerecht oder ungerecht – zu wehren, weshalb sich die beabsichtigten Veränderungen selten von allein durchsetzen. Immer müssen diese sowohl psychologisch als auch politisch hart erkämpft beziehungsweise durchgesetzt werden.

Meistens finden diese Änderungswünsche oder -vorschläge Eingang in das Programm einer politischen Partei. Sie werden je nach Aktualität zu einem Schwerpunkt in der Wahlkampfpropaganda. Diese Gruppen definieren sich dann durch solche Anliegen und leben diese in der Folge aus, lassen sie aber auch je nach Bedürfnis verschwinden. Mit der Integration dieser Vorstellungen in das Denken sind diese Gruppen maßgebliche Multiplikatoren, die für das Eingehen der entsprechenden Ziele in das allgemeine Volksempfinden sorgen.

Der Einfluss der Mächtigen

Im Rahmen der zunehmenden Globalisierung und der immer dichter werdenden Vernetzung durch das Internet ist der internationale, transkulturelle Austausch kaum mehr zu kontrollieren bzw. einzuschränken. Das bedeutet, dass die Staatsleute der Welt der eigenen Bevölkerung Informationen – welcher Art auch immer – kaum noch vorenthalten können. Es findet mehr und mehr ein unkontrollierter Informationsaustausch statt, der auf die Einstellungen der Menschen einwirkt und diese entsprechend modifiziert. Die Menschen werden, unabhängig davon, wo sie leben und wohnen, zunehmend informierter.

Daneben werden technische, finanzielle und humanitäre Hilfestellungen an sozial- beziehungsweise wirtschaftspolitische Bedingungen geknüpft, die besonders wirtschaftlich schwache oder gesellschaftlich rückständige Staaten zu Maßnahmen zwingen, zum Beispiel im Hinblick auf den Minderheitenschutz, die, obwohl sie den Absichten der Politiker zuwiderlaufen, einstellungsändernd und sozial umstrukturierend wirken.

Als Beispiel kann an die Einflussnahme der NATO, der UNO und der europäischen Staaten auf das ehemalige Jugoslawien erinnert werden. Zur Zeit wird Mazedonien stark unter Druck gesetzt, der albanischen Minderheit entsprechende politische Rechte zuzugestehen. Mit diesen Maßnahmen soll eine weitere Eskalation der ethnischen Konflikte im Grenzgebiet zum Kosovo verhindert werden, vermögen Veränderungen im Denken und Handeln der mazedonischen Mehrheit politisch erzwungen werden, die sonst in diesem Ausmaß nicht denkbar wären.

Wirtschaftlich schwache Staaten können sich inhumane Gesetze immer weniger leisten, wenn die wirtschaftlich starken Geberländer ihre politischen Vorstellungen offensiv vertreten, den Druck auf die maßgebenden Politiker aufrechterhalten und interne sozialpolitische Reformen fordern. Zudem können die wirtschaftlichen Hilfeleistungen streng an politische Bedingungen geknüpft werden, die die widerstrebenden Regierungen dazu zwingen, die geforderten Veränderungen unverzüglich vorzunehmen oder sich zumindest mit den gewünschten Vorstellungen intensiv auseinander zu setzen.

Konstruktive Rivalität als Kernkompetenz des Sozialverhaltens

Die Rivalität stellt im menschlichen Zusammenleben und insbesondere im Hinblick auf das Leistungsstreben einen wichtigen Faktor dar. Sie spielt in der menschlichen Kommunikation eine noch unentdeckte und vor allem nicht gewürdigte Schlüsselrolle; unentdeckt deshalb, weil sie nach wie vor einer starken Tabuisierung unterliegt, und ungewürdigt, weil der Rivalität in keiner Weise die ihr längst verdiente Beachtung zukommt.

Man stelle sich einmal vor, dass niemand rivalisiert, weder Kinder, Mitarbeiter noch Chefs, dass niemand sich anstrengt, besser zu sein als die anderen, dass niemand nach besseren Lösungen sucht, dass niemand daran interessiert ist, ein besseres Produkt herzustellen, ein besseres als die Konkurrenz, dass niemand gefallen will, besser leben will, besser als vorher, besser als die Nachbarn. Man stelle sich einmal vor, was es bedeutet, wenn niemand die Forschung vorantreibt, niemand die Industrie ankurbelt, niemand dichtet, schreibt und komponiert, wenn niemand um die Wette läuft, mit letztem Einsatz kämpft und siegt beziehungsweise verliert, wenn keine Kinder rivalisieren, miteinander streiten, kämpfen oder spielen. Wahrscheinlich würde nichts mehr gehen, sich kein Rädchen mehr drehen und kein Leben gedeihen!

Stimmen diese Überlegungen wirklich? Sind diese Vermutungen realistisch oder einfach nur Hirngespinste? Stimmt es, dass die Rivalität zum Leben gehört wie Eifersucht und Neid und eine wichtige Funktion erfüllt? Was sind die Folgen, wenn das Rivalisieren fehlt, wenn es in der Kindheit weder gelernt noch eingeübt wird? Ist es nicht eher so, dass Kinder, die wenig oder nicht rivalisieren, glücklicher sind als diejenigen, die nach außen ein offensives beziehungsweise aggressives Rivalitätsverhalten zeigen, die überall und immerzu nur anecken?

Was Hänschen nicht lernt ...

Welche Folgen eine Erziehung hat, die nur das Harmoniestreben fördert und das Erlernen des Rivalisieren sträflich vernachlässigt, zeigt das folgende Beispiel:

Moritz war Einzelkind. In der Beziehung mit der überfürsorglichen Mutter und dem überängstlichen Vater war es dem Jungen nicht möglich, angemessene Rivalitätsstrategien zu erproben und Durchsetzungstechniken zu erlernen. Er hatte sowohl als Einzelkind als auch als Kind ängstlicher Eltern kaum die Möglichkeit, im Rahmen einer stabilen Familiengruppe das Wechselspiel zwischen Einordnung und Absonderung, zwischen Aktivität und Passivität, zwischen Durchsetzen und Nachgeben, zwischen Annahme und Ablehnung rivalisierend zu erlernen. In der Folge stand Moritz, als er in die Schule kam, bei Streitigkeiten meistens abseits. Niemals wurde er handgreiflich, niemals war er Angreifer, Rädelsführer, Provokateur. Diese auffällige Passivität zeigte er aber nicht nur auf der Körperebene, sondern auch im verbalen Bereich. Niemals formulierte er seine Wünsche, niemals stellte er Forderungen, und niemals führte er Wortgefechte. Der kleine Moritz war immer zu lieb, zu still und auch zu langweilig.

Und wenn es einmal Streit gab, in der eigenen oder gegen andere Klassen, so war es eben Moritz, der geschlagen wurde, der sich verletzte oder dem die Faust ins Auge fuhr.

Dieses zurückhaltende Verhalten zeigte Moritz auch gegenüber Mädchen. Er getraute sich nie, Mitschülerinnen anzusprechen und um deren Zuneigung zu werben. Bei offiziellen Schul-, Klassen- und Tanzfesten hielt er sich sicher im Hintergrund. Und wenn einmal ein Mädchen von sich aus auf ihn zukam und ihn zum Tanzen aufforderte, so stelzte er schlaksig auf der Tanzfläche herum. Dabei redete und lachte er nie.

Es war aber nicht nur sein Verhalten, sondern auch seine Gesundheit, die zu wünschen übrig ließ. Moritz war oft erkältet, litt an Halsschmerzen, entzündeten Mandeln und nicht selten an Infektionen, die schließlich mit Antibiotika behandelt wurden.

Das mangelnde Durchsetzungsvermögen und seine fehlende Sozialkompetenz zeigten sich auch später: Moritz entschied sich

*für eine Lehre, obwohl er gerne studiert, und blieb alleine, obwohl
er gerne geheiratet hätte.*

Die Frage, welches Verhalten Ausdruck einer gesunden Sozialisation darstellt, ein motiviertes Erfolgssterben, der ausgeprägte Ehrgeiz und die Fähigkeit, mit Menschen bewusst zu rivalisieren, oder die scheinbar selbstlose Vermeidung aller Konflikte, soll anhand einer eindrücklichen Beobachtung an Rhesusaffen bestätigt werden:

*Die einzigartigen Untersuchungen der Psychologen Harry Harlow
und Gary Griffin (1965) sowie von Harry Harlow und Margaret
Harlow (1966) an Familien von Rhesusaffen zeigten, dass Affenkinder, die eine lebendige Mutterbeziehung und die Auseinandersetzung mit anderen Affengeschwistern früh vermissten, sich innerhalb der Affengemeinschaft zum sozialen Außenseiter beziehungsweise Sündenbock entwickelten. Während normal aufgewachsene
Affenkinder unbekümmert spielten, balgten, sich aggressiv wehrten, rivalisierten, kämpften und bei Bedrohungen bei der Mutter
Schutz suchten, reagieren Affen, die ohne Mutter aufwuchsen,
ängstlich, schreckhaft und selbstgefährdend. Sie legten sich bei Gefahr angsterfüllt auf den Bauch und schrien aus Verzweiflung.*

*Auch beim Werbe- und Sexualverhalten zeigten sich große Unterschiede: Die Affenjungen normaler Mütter legten ein aktives,
sexuell orientiertes Neugier- und Erkundungsverhalten an den
Tag. Sie rivalisierten und paarten sich normal und waren ihren
eigenen Kindern gute, das heißt fürsorgliche Eltern. Die mutterlos
aufgewachsenen Jungen reagierten aber völlig abwehrend oder
sexuell destruktiv. Sie lehnten sowohl den Sexualpartner als auch
eigene Kinder ab, quälten oder töteten sie sogar.*

Was zeigen unser obiges Beispiel und die Beobachtungsergebnisse an Affenkindern? Sie demonstrieren, dass ein gestörtes, also defizitäres Rivalitätsverhalten mit großer Wahrscheinlichkeit auf unvorteilhafte Sozialisationsbedingungen zurückzuführen ist. Es bestätigt weiter unsere Vermutung, dass die Rivalitätsmuster schon in früher Kindheit im Rahmen der Geschwistergruppe beziehungsweise der Familiengemeinschaft gelernt werden müssen. Es bestand sowohl für Moritz als auch für die vernachlässigten Affenkinder im

Hinblick auf die Differenziertheit des sozialen Lernens von Anfang an ein spärliches Lernangebot. Moritz und die Affenkinder gerieten in eine verhängnisvolle Isolation. Die Defizite im Sozialverhalten, speziell in der Rivalität, führten schon nach kurzer Zeit zu gänzlicher Passivität und zur Entwicklung einer Sündenbockidentität. Es zeigte sich mit deutlicher Konsequenz, dass, wer sich im Kreis der Geschwistergruppe nicht durchzusetzen und zu wehren lernt, unweigerlich zum Außenseiter gerät und später in Erwachsenengruppen unterzugehen droht.

Die Beispiele zeigen weiter, dass die Rivalität und das das Rivalisieren begleitende Sozialverhalten in der Geschwistergruppe im Hinblick auf die weitere Sozialisation eine bedeutsame Rolle spielen. Im Rivalisieren scheinen sich wichtige Voraussetzungen der frühen und späteren sozialen Integration zu erfüllen, und eine Störung in der Lösung dieser Entwicklungsaufgabe hat eine massive Störung des erwachsenen Sozialverhaltens zur Folge.

Was bedeuten diese Untersuchungen im Hinblick auf unsere Fragestellung?

- Die Beispiele zeigen erstens, dass die kommunikativen Defizite, das Fehlen einer Rivalitätsaktivität zwischen Mutter und Kind beziehungsweise innerhalb der Familiengruppe als Ganzer und den einzelnen Kindern in der Regel zu einem allgemeinen Entwicklungsdefizit führt. Mit allgemeinem Defizit ist hier ein die gesamte Persönlichkeit betreffender Entwicklungsrückstand gemeint, der sich in der Regel auch somatisch in einer allgemeinen Schwächung der Immunabwehr niederschlägt.
- Das Beispiel zeigt weiter, dass sich sowohl die defizitäre Kommunikation als auch das Defizit an konstruktiver Rivalität zwischen den Eltern und zwischen den Kindern als Entwicklungsdefizit auf das konkrete Sozialverhalten übertragen. Die speziellen Defizite beziehen sich auf bestimmte Verhaltensmuster, die in der Familiengruppe gelernt werden müssen und die für das erfolgreiche Bestehen in der menschlichen Gemeinschaft wesentlich sind. Zu diesen Verhaltensmustern zählen zum Beispiel die Fähigkeit, sich mit Rivalen zu messen und gegen feindliche Angriffe zu verteidigen, die Fähigkeit, sich in einer Gruppe erfolgreich zu behaupten und durchzusetzen; die Fähigkeit,

um einen Sexualpartner erfolgreich zu werben und dessen Vertrauen zu gewinnen; die Fähigkeit, Niederlagen zu verkraften und aus ihnen zu lernen; die sozialen Fähigkeiten, um Freundschaften, Partnerschaften und Kollegialbeziehungen aufbauen und erhalten zu können.

• Diese defizitären Verhaltensmuster können schließlich zu einer partiellen oder vollständigen sozialen Isolation in der Gleichaltrigengruppe führen, was die spätere Herausbildung einer depressiven Grundhaltung, einer Sündenbockposition oder Prügelknabenrolle begünstigt.

Ein Schlüssel zum Erfolg

Der Rivalität kommt deshalb sowohl im Hinblick auf den Leistungswettbewerb im Sport, im Beruf und in den Wissenschaften als auch allgemein für das gesamte Sozialverhalten eine überragende Bedeutung zu. Sei es im Beruf, in der Familie, in der Schule oder im Leben allgemein, überall müssen sich die Menschen in gewissem Rahmen dem Leistungswettbewerb, dem Leistungsvergleich und der zwischenmenschlichen Konkurrenz stellen. Die konstruktive Rivalität gehört somit zur Kernkompetenz des sozialen Lernens, denn wer es nicht vermag, sich in Konkurrenz zu seinen Mitmenschen als eigenständige und selbstbewusste Persönlichkeit, als vollwertiger «Rivale» zu Wort zu melden, zu streiten, sich auseinander zu setzen oder durchzusetzen, erfährt längerfristig Nachteile, der wird im «Kampf des Lebens» kaum bestehen.

Die Fähigkeit zum konstruktiven Rivalisieren, der Mut zum kämpferischen Wettbewerb, der ungeschmälerte Wille zum Leben und Kämpfen und die ehrliche Bereitschaft, Niederlagen hinzunehmen und zu verarbeiten, sind der Schlüssel zum Erfolg. Das bedeutet, dass der Mensch im Rahmen der Sozialisation unbedingt lernen muss, im Hinblick auf die Rivalität differenzierte Strategien zu entwickeln und situationsangepasste Taktiken aufzubauen. Ohne diese Strategien und Taktiken bleiben wichtige Entwicklungsaufgaben nicht gelöst und weite Ich-Bereiche unstrukturiert. Die Folge sind gravierende Ich-Defizite, die sich als so genanntes «Loch im Ich» in der Ich-Struktur niederschlagen.

Das Rivalisieren muss gelernt sein

Das Erlernen des Rivalisierens wird so zum wichtigen Bestandteil der menschlichen Sozialisation. Das Rivalisieren muss, wie das Beispiel und das Tier-Experiment zeigen, gelernt und geübt werden, vor allem in der Kindheit – es vergrößert den ich-autonomen Bereich und stärkt die Ich-Autonomie.

Die Eltern dürfen ihren Kindern die Auseinandersetzungen mit ihren Geschwistern, mit Stärkeren und Schwächeren, mit Spielkameraden nicht vorenthalten. Das heißt, dass schon die Kinder lernen müssen, dass sie nicht nur unter der Sonne stehen. Wo die Sonne ihr Licht wirft, da gibt es auch Schatten. Im Schatten zu leben, bedeutet aber, Nachteile in Kauf zu nehmen, die Unbill des Lebens auszuhalten. Das gilt besonders für Niederlagen. Zur Rivalität gehören also naturgemäß und untrennbar sowohl Siege als auch Niederlagen.

Im Umgang mit den Niederlagen beweist sich die soziale Kompetenz! Die Niederlage soll nicht das Ende eines Kampfes, sondern der Anfang eines Lernprozesses sein. Aus einer Niederlage kann man lernen, die nächste Niederlage zu vermeiden. Eine Niederlage zu erleiden, darf nicht bedeuten, dass man das Verlieren generalisiert, dass es heißt, unwiderruflich und generell ein Verlierer oder Versager zu sein. Im Gegenteil: Die Niederlage darf nicht zerstören, nicht zum Aufgeben veranlassen, nicht zur Resignation verleiten, sondern soll Ausgangspunkt für einen konstruktiven «Niederlagen-Verarbeitungsprozess» sein. Dieser könnte zum Beispiel eine Ursachenanalyse und die Erarbeitung eines alternativen und übergreifenden Konzepts zur Niederlagenvermeidung beinhalten.

Diese Schlussfolgerungen scheinen unerbittlich, besonders für Menschen, die durch besondere Umstände sozial, intellektuell und körperlich «behindert» oder benachteiligt sind. In einer Welt, die Leistung verlangt, mit Menschen, die selbstständig leben und erfolgreich sein wollen, hat die Rivalität ihren sicheren Platz. In einer solchen Welt drohen Menschen, die schwach oder anderswie benachteiligt sind, vergessen zu werden. Es liegt deshalb in der besonderen Verantwortung der Gesellschaft, diesen Menschen beizustehen.

Nachwort

Warum wurde dieses Buch geschrieben? Warum gerade jetzt und warum nicht vor zehn Jahren? Gibt es vielleicht bestimmte Zeiten, bestimmte sensible Augenblicke, in denen ein Thema aktuell ist? Ist es so, dass aktuelle Themen heranreifen müssen, wie die Früchte an den Bäumen, und mit den allgemeinen kulturellen Vorgängen in einer komplexen Wechselwirkung stehen? Vielleicht muss eine Gesellschaft bereit sein, ein bestimmtes Thema aufzugreifen, innerlich geneigt sein, es zu assimilieren, sich von den Gedanken berühren und bewegen zu lassen. Vielleicht muss diesem Thema ein bestimmtes anderes vorangehen und ein weiteres nachfolgen. Vielleicht ist dieses Thema in einem vielschichtigen zeitlosen Netz verknüpft, in einer logischen Ordnung organisiert, und vielleicht ist dieses Thema gleichzeitig mit dem Zeitgeist, mit der Philosophie, mit der Wirtschaft, mit dem Bildungsstand und mit dem technischen Fortschritt einer gesellschaftlichen Situation untrennbar verbunden.

Wir wissen es nicht. Wir machen aber immer wieder die Erfahrung, dass in bestimmten Epochen bestimmte Themen wie aus dem Nichts auftauchen, plötzlich da sind und vom ersten Augenblick an als wichtig, bedeutsam und wirkungsvoll erlebt werden. Sie haben eigenartigerweise plötzlich die Kraft, die Herzen der Menschen im Flug zu erobern, sie im Innersten zu bewegen und zu bewirken, dass sie von Mund zu Mund weitergegeben werden. Sie künden sich oftmals leise an, werden von wenigen Menschen gespürt, bis sie jäh im Mittelpunkt stehen, aufgegriffen und transportiert von den Medien.

Und dann, nach einigen Jahren, dreht der Wind, verschwinden die Gedanken, verblassen die Ideen und fallen aus der Mode und der Zeit. Vielleicht sogar deswegen, weil sie in der Zwischenzeit zum integralen Bestandteil unseres Denkens geworden sind.

Das war beim Thema «Sexualität» so, das war mit der «Masse» so, als mit dem Aufkommen des Nationalismus in der Welt extreme Massenbewegungen zu beobachten waren, und das war mit dem Begriff «Gruppe» so.

Ist die «Rivalität» vielleicht auch ein solches Thema, auf das die Zeit wartet? Ist die Zeit vielleicht gekommen, dass man über dieses Thema redet? Der Begriff «Rivalität» schien anfangs verschwommen, ungreifbar und schwer zu vermitteln. Nur langsam enthüllten sich die Brisanz und die Wichtigkeit des Gegenstandes, die Wichtigkeit der Rolle, die diesem Phänomen zukommt. Wenn aus der grauen, amorphen und undifferenzierten Begriffsgemengelage «Rivalität» langsam die «destruktive Rivalität» wie Faulschlamm herausgewaschen wird, zeigt sich plötzlich und völlig überraschend der strahlende «Silberblick» des reinen Metalls, die «konstruktive Rivalität». Ohne Differenzierung wird es kein Verständnis geben. Erst das Herauslösen der konstruktiven Komponente der Rivalität aus der unseligen Verquickung mit den destruktiven Anteilen macht den Blick für die Erkenntnis frei, dass das Rivalisieren untrennbar zur lebenden Kreatur gehört.

Dank

Für die Mithilfe beim kritischen Lesen des Manuskripts, für die konstruktiven Vorschläge und die wichtigen Anregungen bin ich folgenden Personen zu großem Dank verpflichtet:

André Arnaud, Eva Eichenberger, Otto Eugster, Urs Fiore-Hofmänner, Peter Grunder, Ernst Gysi, Eduard Hegnauer, Alfred Künzler, Marc Lenzin, Jürg Lüthy, Karin Maurer, Anna Barbara Meyer, Andreas Mörikofer, Beatrice Müller-Scherer, Jochen Seibel, Doris Stahel, Domenica Witschi.

Letztlich möchte ich besonders meiner Frau Susanne für die hilfreiche Unterstützung beim Zustandekommen dieses Buches danken.

E-Mail-Adresse und Homepage des Autors:

E-Mail: ktoehler@swissonline.ch
Homepage: www.k-t-oehler.ch

Literatur

Alfermann, D. (1996), Geschlechterrollen und geschlechtstypisches Verhalten, Stuttgart

Ammon, G. (Hg.) (1979), Handbuch der Dynamischen Psychiatrie Band 1, München

Bierach, B. (2002), Das dämliche Geschlecht. Warum es kaum Frauen im Management gibt, Weinheim

Breyce, L. (1990), Frauen auf Erfolgskurs. Strategien für den beruflichen Aufstieg, Zürich, Wiesbaden

Eichenberger, E. (2001), unveröffentlichtes Manuskript, Bern

Federn, P. (1956), Ichpsychologie und die Psychosen, Bern

Freud, A. (1977), Das Ich und die Abwehrmechanismen, München

Frey, B.S., Osterloh, M. (2000), Managing Motivation. Wie Sie die neue Motivationsforschung für Ihr Unternehmen nutzen können, Wiesbaden

Galtung, J. (1975), Strukturelle Gewalt, Reinbek

Harlow, H.F., Griffin, G. (1965), Induced Mental and Social Deficits in Rhesus Monkeys, in: Biological Basis of Mental Retardation, edited by Sonia F. Osler and Robert E. Cooke, Baltimore

Harlow, H.F., Harlow M. (1966), Learning to Love, in: Am. Scient. 54,3.

Haubl, R. (2001), Neidisch sind immer nur die anderen. Über die Unfähigkeit, zufrieden zu sein. München

Heer, K. (1999), unveröffentlichtes Manuskript

Hottiger, A. (2000), Gottesstaaten und Machtpyramiden. Demokratie in der islamischen Welt, Zürich

Huntington, S.P. (1996), Kampf der Kulturen, München

Kast, V. (2000), Lebenskrisen werden Lebenschancen – Wendepunkte des Lebens aktiv gestalten, Freiburg

Kellner, H. (1999), Konflikte verstehen, verhindern, lösen: Konfliktmanagement für Führungskräfte, München, Wien

Lübkemeier, E. (1994), Globale Herausforderung deutscher Sicherheit: Ein Plädoyer für solidarisches Handeln, Bonn: Friedrich-Ebert-Stiftung. Abt. Außenpolitikforschung

von Mens-Verhulst, J., Schreurs, K. u. Woertman, L. (1996), Töchter und Mütter: Weibliche Identität, Sexualität und Individualität, Stuttgart

Mertens, W. (1996), Entwicklung der Psychosexualität und der Geschlechteridentität, Stuttgart

Oehler, K.T. (1977), Die Veränderung von Einstellungen in Abhängigkeit von der emotionalen Bedeutung der wirksamen Informationen, in: Psychologische Beiträge, Band 19, S. 600–614, Meisenheim/Glan

Oehler K.T. (1977), Die Abwehr bedrohender Filminhalte in Abhängigkeit von der emotionalen Bedeutung der wirksamen Informationen, in: Psychologische Beiträge, Band 19, S. 615–632, Meisenheim/Glan

Oehler, K.T. (1999), Der gruppendynamische Prozess. Ein Schlüssel zum besseren Verständnis sozialer Konflikte in Familie, Schule, Betrieb und Politik, Frankfurt/Main

Oehler, K.T. (2001), Der Ich-Gestalt-Test nach Oehler (IGTO), Frankfurt/Main

Oehler, K.T. (2002), Untersuchung einer zufällig ausgelesenen Teststichprobe zu unterschiedlichen Aspekten der Rivalität unter spezieller Berücksichtigung der geschlechtsspezifischen Unterschiede, unveröffentlichtes Manuskript

Parsons, T., Bales, R.F. (1955), Family, Socialization and Interaction Process, Glenoce

Rost, W., Schulz, A. (1994), Rivalität. Über Konkurrenz, Neid und Eifersucht, Berlin, Heidelberg

Rotter, U.A. (1998), Weibliche Aggression und Konkurrenz unter Frauen, in: Energie & Charakter, Zeitschrift für Biosynthese und Somatische Psychotherapie, Band 17, Berlin

Schiekiera, K. (2000), Zwischen Liebe und Rivalität, Berliner Morgenpost

Straub, D. (2001), Lieber spät als nie, in: Der Bund, 152 Jg., Nr. 126, S. 5, Bern

Sulloway, F.J. (2000), Der Rebell der Familie, Berlin

Watzlawik, P. u.a. (1969), Menschliche Kommunikation, Bern

Weissensteiner, F. (1994), Die Töchter Maria Theresias, Wien

Psychologie

Julia Onken
Feuerzeichenfrau
Ein Bericht über die Wechseljahre
272. Tausend. 2002. 207 Seiten. Paperback
Beck'sche Reihe Band 352

Julia Onken
Wenn du mich wirklich liebst
Die häufigsten Beziehungsfallen und wie wir sie vermeiden
50. Tausend. 2001. 212 Seiten. Paperback
Beck'sche Reihe Band 1415

Marie-France Hirigoyen
Die Masken der Niedertracht
Seelische Gewalt im Alltag und wie man sich dagegen wehrt
Aus dem Französischen von Michael Marx
4. Auflage. 2000. 240 Seiten. Broschiert

Marie-France Hirigoyen
Wenn der Job zur Hölle wird
Seelische Gewalt am Arbeitsplatz und wie man sich dagegen wehrt
Aus dem Französischen von Irmengard Maria Gabler
2002. 396 Seiten. Broschiert

Rolf Haubl
Neidisch sind immer nur die anderen
Über die Unfähigkeit, zufrieden zu sein
3. Auflage. 2003. 325 Seiten mit 13 Abbildungen. Broschiert

Reinhard Werth
Legasthenie und andere Lesestörungen
Wie man sie erkennt und behandelt
2001. 166 Seiten mit 24 Abbildungen. Paperback
Beck'sche Reihe Band 1422

Rotraud A. Perner
Die Tao-Frau
Der weibliche Weg zur Karriere
2. Auflage. 1998. 240 Seiten. Paperback
Beck'sche Reihe Band 1221

Verlag C.H.Beck München